イスラム教徒の頭の中

アラブ人と日本人、何が違って何が同じ?

吉村作治
Sakuji Yoshimura

CCCメディアハウス

まえがき

本書は、アラブの人たちと日本人はどうつきあったらいいかという問題を考えるための一冊である。アブラをもったアラブにただ頭をさげるだけでは長い将来を考えると良くないから、まずアラブとはどんなひとたちかを内面的なところから見ていこうというわけだ。

アラブ人というと、すべてがイスラム教徒（ムスリム）と思っている方が多いが、そんなことはなく、キリスト教徒、ユダヤ教徒、地元の伝統宗教（レバノンのドルーズ教徒など）の信者の方々がいる。もちろん全体の八十〜九十%はムスリムで、ムスリムも大きく二つ、スンニー派とシーア派に分かれている。

そのシーア派の人々はアラビア半島からスンニー派の迫害を逃れて、今のイランであるペルシアに居を構えたため、両派は相容れない。今でも、イランやイラクの一部のシーア派のムスリムも、その他のスンニー派のムスリムも、むしろ歴史的に対立軸にあるキリスト教徒やユダヤ教徒よりも、相容れない状況が続いている。

一方、スンニー派の中にも、『コーラン』の解釈や預言者の言動の解釈の違いから相容れない人々も少なくない。特に預言者ムハンマド（日本ではマホメットと言う）のやり方で忠実に行なうべきだと主張するイスラム原理主義者がいる。このグループを私たちは総称して、イスラム過激派と言っている。

その中心になっているのは、アルカイダ系の人やIS（イスラミック・ステート）の人たちである。欧米のキリスト教徒やユダヤ教徒は、イスラム・テロ集団と名づけているほどだ。今やイスラム旋風は吹き荒れており、ムスリムの一％にも満たない過激派の活動が、ムスリム全体の考えのように位置づけられており、大多数のムスリムに迷惑をかけているのが現状となっている。

現在の世界人口の中に占めるムスリムの比率は、約一五〜二十％で、全世界の騒動の大半を過激派のムスリムが行なっている状態だ。全世界のムスリムは、アラブ系、アジア系、そしてアフリカ系の人たち、その他の地域（例えば中国の新疆ウイグルの人たちや欧米のムスリムたち）に分かれて生活しているが、そのほとんどが穏健な人たちで、一部のアラブに住む過激派が世界を恐怖におとしめているのだ。各国で政権に対して対抗している、タイやフィリピンのムスリムの集団も存在し、仏教徒やキリスト教徒に攻撃を仕掛けているというより、政権自体に揺さぶりをかけて、自分たちの存在を示そうとし、あわよくば政権を狙うといった政治目的で、決して信仰や教義のためではない。

しかしアラブ人の中のムスリムは、例えばＩＳのように極端な思想ではなくとも、イスラム教以外の宗教がこの世を悪くしていると本気で思っているところが、恐いといえば恐い。とにかく預言者ムハンマドをはじめ、イスラム教関連のことを悪く言おうものなら、何をされるかわからないと言っていい。

その反面、イスラム教に偏見を持たず、普通の態度で接すれば、アラブ人たちはとても友好的な人たちだ。基本的にはイスラム教の教義、イッサラーム（平穏であれ）の基本教義に徹している。人間は心穏やかに生きるべきだが、なかなかそういかないので、神（アッラー）に帰依すればいいのだという考えがムスリムの中にはあるからだ。

ムスリムが大半を占めるアラブ人とつきあうには、まず相手の信じている宗教を聞いてから、話に入らないとややこしいことになる。慣れてくると、相手の名を聞いただけでその人の宗教がわかるようになるが、初心者は失礼とは思わず、その人の宗教を聞く必要があるだろう。

そうすると、自分の宗教も言わなくてはならない。決して「ない（No）」とは言わないこと。というのも、宗教がないということは、アラブ人にとっては人間でないと思われてしまうからだ。日本人はてらいがあり、実際に宗教について深刻に考えていないので、つい「ない」と言いがちだ。できれば、「仏教徒」とも言わないほうがいいだろう。なぜかというと、仏教には神様がいないので、厳密に言うと、彼らの中では仏教は宗教のカテゴリーに入らないのだ。

アラブ人とのつきあい方で一番大切なのは、相手のペースに巻き込まれないようにすることだ。ざっくばらんにつきあってはダメだ。必ず相手とのスタンスを決め、その一線を越えてはならない。話の都合でついつい相手のペースに巻き込まれて、二進《にっち》も三進《さっち》もいかなくなってしまい、自滅した人を私は沢山見てきた。

といっても私はアラブ人を信用するなと言っているのではない。信用しすぎると騙されたり、ひどい目に遭ったりすると言っているのだ。アラブでは「虎穴に入らずんば、虎子を得ず」ではなく、「虎穴に入らば、出てこられない」である。

次に大切なことは、アラブ的習慣としては、最初の挨拶が非常に重要であるということ。これを怠ると、その後の交渉はまずうまくいかない。日本人はまずお天気のことを言い合うことが多いが、それは通用しない。というよりバカにされるのがオチだ。天気など自然のことを言うより人間のほうが大切なのだ。

まず相手の家族、特に両親や配偶者のことを話題にする。初対面の人の家族構成はわからないから、家族全体のご健康のことを尋ねるのだ。そして、神アッラーに感謝して話し始める。アラブ人同士はこれを五分から一〇分かけて、双方のエール交換として行なう。このことは自分が相手に敵意を抱いていないという証でもある。

以上のことに気をつけると、概ねアラブでは交渉ごとがスムーズにいくだろう。中近東におけるアラブ内の抗争、アラブとその他の民族との対立、イスラム教とユダヤ教、キリスト教との闘争等、多くの問題を抱えていて終わりの見えないところではあるが、世界が平和になるためには、これらの問題解決が不可決だ。すなわちグローバル社会の構築のためには、どうしても解決しなければならないのだ。

アラブとは遠い存在である日本人もアラブを知り、イスラム教を学ぶためにぜひ本書を手にとってお読みいただきたい。

二〇一七年二月

吉村作治

目次●イスラム教徒の頭の中

イスラム教徒の頭の中

序章　アラブとの出会い

思えば一九六六年、エジプトに初めて足を踏み込んでから、私はほとんどの時間を中東の地で過ごした。初めはあこがれというか、単なる興味から出発したのだが、今では人生の一部、生活の一部となってしまっている。ここはアラブだと感じはじめたのは、やはり向こうにいって五年ばかりたってからだろうか、やっと周囲が見えはじめたころだった。それまでは、生活することに追われ、慣れることに必死で、自分が異国にいることすら忘れる日々だった。

ナイルに骨を埋めようと決心したときに、私は現地人と結婚し、現地に同化することに専心した。当初は、自分自身をして現地人、すなわちエジプト人と思うことにした。だから、エジプト人家庭の中に入ってしまい、そこから出ることを拒否し、日本人と交流しないことにした。したがって、時には数十日も日本語を耳にしないときもあった。アラビア語がそんなにわかるわけではなかったので、周波数の合わないFMラジオ放送みたいに、自分のまわりに流れる会話のなかから、自分の耳に合う単語を拾いつつ、周囲の状況を理解するのが精一杯であった。日本人であることを否定することによって、現地を知ろう。そんな思いつめが、かえって現地の文化や宗教を理解することの障害になることがわかるには数年を要した。

そこで、「アラビア語をアラビア語で習得するのが一番いい」という理論を実践したわけだが、それは白紙の状態であることが前提であり、私のように、生まれてからこの方二十数年間の日本人としての因縁をひきずっている者にとっては、かえって遠まわりになってしまった。自分の子供が産まれ、その子が素直にアラビア語を会得していく過程をみていて、そのことを実感した。

「しょせん自分はエトランゼだ。だからエトランゼということを認識したうえで、この文化を異文化として摂取しよう」と決心してからは、むしろいろいろなものが見えてきた。エジプトの文化や宗教、風俗、習慣に同化するのではなく、異なる点、受け入れられない点をはじき出し、そこに文化の特徴をみつけるようになった。

それは、一種のカルチュア・ショックからの脱出なのだろうか。そのころになると、日本でも、ジャーナリストや評論家によるアラブについての本も出はじめた。日本から送られてくるそういった情報に接すると、自分の感受性とその人たちのそれとの対比が自分の中でおのずと行なわれるようになった。そして、あるときはうなずき、あるときは首をかしげた。

総じて、それらの情報は、日本文化とアラブ文化との異質点を強調したものが多く、初めはわかりやすいのだが、何回も読んでいるうちにふたたびわからなくなってしまうものが多かった。ひとつの現象に対する感想や評価が、はっきりと分かれているときと同じときとがあり、その基準がわからなかった。ある意味で、自分を見失っていた時期なのかもしれない。そんなときの心境は、「エジプトやアラブの悪口や批判を、通りすがりの奴や、外から首を突っ込んで、のぞき込む奴には言わせないぞ」というものだった。

だから、日本からの旅行者や、エジプトに駐在している日本人から、「アラブ人はうそつきだ」とか、「だらしがない」「無責任だ」という言葉を聞くたびに、何か自分がけなされている思いがした。そして、それに一生懸命に反論すると、「あなたは奥さんが現地人だし、半分アラブ人だからネ」、と片づけられてしまい、いつも悔しい思いをしながら、ナイル川のほとりをとぼとぼ歩き、川に石を投げて気持ちを静めた。時には、半分アラブ人という言い方が、相手にとってはほめているつもりだとわかっていても、どうにも嫌なものだったのを覚えている。相手は何気なく言っているのに、妙に興奮して、「自分は半分アラブ人ではなく、純粋の日本人です」と言って、その場の雰囲気を白けさせたこともあった。

「外国に長くいると、なんだかだんだん日本人としての自覚が強くなり、自分が日本人であることに誇りが出てくる」、とだれか有名な人がエッセイの中で書いていたが、それを読んだとき、もっともだと思ったのもこのころだ。「郷に入りては、郷にしたがえ」という言葉を嫌ったのも、このころだ。自分と同じような考えの人の中にいると、なかなか自分がつかめないものだが、異質の文化の中にいると、自分との違いをいつも示され、対比させられ、いやがおうでも認識させられてしまう。反面教師という言葉があるが、私にとってはアラブ世界は対面教師だったのだろう。

住みはじめて五年間、アラブといっても、エジプトの中にのみ住んでいて、他のアラブ諸国を見なかったのも、私にとっては幸運だった。「アラブといっても二十数ヵ国あり、すべてイスラム教徒（ムスリム）というわけではない」、という理屈はわかっていても、エジプトをしっかりとつかんでいなかったら、今ごろはアラブ全体がわからなかったであろう。今でこそ、エジプトの中のアラブの部分と、そうでない伝統的部分との区別が、おぼろげながらわかってきたが、初めは皆目見当がつかなかった。もちろんアラブという言葉の使い方や意味は、当時と今ではずいぶん変わってきている。エジプトの国名ですら、当時と変わった。「アラブ連合共和国」から、「エジプト・アラブ共和国」となった。元首も替わったし、同盟国もソ連からアメリカに移った。かつての敵のイスラエルとも平和条約を結んだ。

しかし、こういったエジプトの変化に、ほかのアラブ諸国はついてこない。エジプトに二十年余いて他のアラブ諸国をめぐってみると、この大きな変化こそ、この選択こそ、エジプトが五〇〇〇年の歴史を生きぬいてきた、重さというか厚みなのだとさえ感じる。

一九七〇年代、私はパレスティナ・キャンプをはじめ、アラブ諸国を見てまわった。ほとんどの場合、テレビや出版の取材の手伝いのためであったが、目的のある訪問だったため、観光気分では得られない認識の深さと、より多くの理解を得たと今では思っている。

実際、新しい国に行くたびに、その国との比較の対称がエジプトであるのに自分ながら驚いた。言葉の使い方やアクセント、衣服、食事など日常的なことから、法律や宗教に対する考え方、世界観にいたるまで、エジプトとの関連や比較でみている。「おまえの言葉は、エジプト方言だ」と指摘されることは、「おまえの考え方はエジプト化している」と言われていることなのだろう。ところが今では、「本当は自分の心の中で、エジプトと日本との対比はできているのだ」、と思えるようになってきた。

一文化の理解には、ある基準とか尺度が必要である。とくにエジプトは五〇〇〇年もの長い歴史をもっており、その歴史の中には、まったく異質な文化の積み重なりがあるからだ。しかし、ざっと歴史をみていくだけでも、異質だと思われている文化の間にも、根本には大きな共通点、すなわち継承があることに気づく。たとえば、エジプトの歴史で、「コプト時代」と呼ばれる時期がある。これは特殊な時代ではなく、古代エジプトから、イスラム時代への橋渡しとなった重要なときである。この時代、地中海世界は、ビザンティン帝国の支配下にあり、キリスト教の全盛期である。

当然、エジプトはその影響を受け、キリスト教国となっている。が、同じキリスト教国でも、他の国とは異なる。古代エジプトの伝統的な神の影響をぬぐい去ることはできない。古代エジプトの女神イシスと聖母マリアの同化によって、キリスト教も、エジプト人にはよりわかりやすいものとなったのだ。小アジアやパレスティナ、西アジアとはひとあじ違う受けとめ方こそ、エジプトのエジプトたるゆえんといえよう。

コプトというのは、古代ギリシア語で「エジプト」という意味だから、通常いわれている「コプト教」とは、「エジプト教」となる。こうしてみると、「コプト教は、キリスト教の一派で、ナイル川に沿ったところにのみ存在する」、という一般的な記述の意味がよくわかる。だから、パレスティナ問題を考えるときも、第一次世界大戦後や帝国主義支配の時代から出発すると、大きな誤りをおかすことになる。

もちろん、アラブ人やユダヤ人がお互いの立場や論理の展開の必要から、各々自分に都合のよい主張をするのは理解できるが、私たち第三者の立場にある者は、冷静に歴史をながめて判断しないといけない。そのほうが争い合っている当事者にとっても、後々有り難いはずである。人間の本性としては、争いよりも、平和を好むのだから、現在はお互いに引くに引けない事情があるにしても、いつかは和解する運命にあるはずだし、第三者はそれが一日も早く実現するように努力すべきなのだ。あの百年戦争ですら解決したのだから、このパレスティナ問題も和解すべきだし、その方向に向かっているはずだ。

石油が世界のエネルギーの主役になったとき、アラブは、世界の舞台に躍り出た。しかし、アラブが世界の主役になったのは、これが初めてではない。むしろ、アラブというよりも、この地、すなわち「中洋」――東洋と西洋の間という気持ちでの言い方だが――が、人類の歴史の中心を占めていたときのほうが長かったことを認識すべきであろう。

私たち日本人は、明治以降、欧米を通じて、世界を見てきた。その当時は、欧米こそが世界史の花形であり、その人々の目や口を通じて、かろうじて、中洋の歴史や文化、芸術を知ったため、今でもその後遺症として、中洋はおくれているものと思っている。たしかに数年前のエジプトは、走っている車もおんぼろだったし、町も汚く高速道路もなく、バスや電車には人がぶらさがっていた。しかし、それはおくれているからではなく、単に貧しかったからだ。スエズ運河も閉まっており、石油も出ず、国家経済は破産状態だったにもかかわらず、イスラエルとの戦争を強いられていたからである。

ところが、どうだろう。今や、そのような状態は急速に改善されている。では、前の状態をもっておくれていると言った人は、目に見える点が改善されれば進んだと言うだろうか。車が新しくなろうと、高速道路がつくられようと、パリモードの服を着ようと、おくれた人はおくれているのだ。文化を、そう安く見積ってはいけない。

今、アラブは、エジプトに限らず、大きく変わろうとしている。それは、西欧の技術上の進歩を受け入れ、国家を改善しようとしているからだ。しかし、西欧の進歩は、ただ技術革新にのみ負っているのではない。見た目の進歩は、現象面での便利さにすぎないことに気づかなければいけない。急速な生活の変化を求めるとすれば、宗教や慣習にまで大きな変化を強いられるはずだから、アラブを考えるとき、その変化の予測を怠ってはならない。ともかく、アラブを見るとき、外面から現象を追っていくと必ずつまずいてしまう。なるべく裏や奥のほうに入り込んでいくべきだ。しかし、その方法はなかなかむずかしい。これでいいということがない。相手はコンニャクのように軟らかい。それだけにいろいろなアラブ論が展開される。すべて違っているともいえるし、すべて合っているともいえよう。しかし、そうこうしているうちに、さすがのアラブも尻尾を出してくることだろう。

この本の主題は、日本人とアラブ人を考えることにあるが、それは日本の文化とアラブ文化を比較する論ではなく、ひとりの日本の男が十五年余アラブ人の中で見たり聞いたりしたこと、膚で感じたことを誤解や曲解も含めて、日本人に伝えることにある。したがって、従来伝えられているアラブ像と若干くい違う点も当然出てこよう。

すなわち、私という「個人の体験」をもとにしたものであることを、あらかじめお断わりしておきたい。また、テーマのひとつに、「日本人の男から見たアラブの女性」をとってみた。今までにも、日本の女性がアラブの女性について書いたものはあるが、しかし興味本位のものを除けば、男性が女性を論じたものはない。エジプト人であり、イスラム教徒である女と結婚した私のささやかな経験をもとに、アラブの女性の周辺や子供などについて書いてみた。アラブにおける女性の世界を書くのはむずかしい。しかし、男の見た女の世界も必要ではないかと考え、恥をしのんで書いてみたのだ。アラブ世界の宗教は多様である。大多数はイスラム教徒（ムスリム）だが、キリスト教はもちろんのこと、ユダヤ教、ドルーズ教などもある。しかし、本書では、アラブ社会とイスラム教社会を近似のものとして扱っている点もお断わりしておきたい。

第1章　アラブ式の結婚

恋とか結婚について無関心な若者は世界中どこを見ても少ない。

カイロの若い女性たちにとっても、結婚問題は最大の関心事であることに変わりはない。カイロの街では、昔から因襲に縛られ、黒い衣装をすっぽり頭からかぶって歩く女性の姿をよく見かける。学校に行かせてもらえず、文字を読めない女性もいる。その反面、高等教育を終え、専門的技術を習得して社会で働いている女性も多数いる。会社のオフィスでは二、三ヵ国語をペラペラ話す有能な秘書に、小学校では理知的な女性教師に会える。女性新聞記者も女性の医者も、かつては女性の大臣すらもいた。その有能さは、日本企業の駐在員に日本女性よりもずっと優秀だと評されているほどだ。

■エジプト女の結婚話は、聞くに堪えない

さて、その有能で活動的なカイロっ子の真ん中に身を置いて、知的女性たちのおしゃべりに耳をそばだててみると、やはり話題の中心は結婚のことだ。おしゃべりが結婚問題になると、一座に急にはなやかさが加わる。若い女性がみんなに冷やかされて恥じらう様子は、日本と同じようである。若い女性にとって、結婚というのはやはりロマンティックであり、あこがれるものなのだなあとつくづく思われる。未婚のまま、仕事に生きたいという女性の話は聞いたことがない。結婚生活のあり方に疑問を持っている者も多いが、といって、一時期の日本のように結婚か職業かと緊張して二者択一的に考える人はいない。ごく自然に結婚することが受け入れられている。結婚についての限りないおしゃべりは、やがてノロケ話や恥じらいのこもった笑いから徐々に具体的な話題に移る。どちらかといえば、一座からはなやかさは消えてしまって、会社の経営会議のような雰囲気になってゆく。

「それでね、マハル（結婚金）は一五〇〇ポンド払おうと言ってきたの」

「あなたは大学も出てるのだし、それじゃ少ないわよ。せめてあと五〇〇ポンドは出してもらう必要があるわ」

「この間の結婚の話、どうした?」

「ええ、やめたわ。別に学歴もしっかりしていて、将来高い地位につくに違いない人との話があるのよ」

〝エジプト女性たちの結婚話は、エゲツないから聞くに堪えない〟とボヤいた日本人がいた。彼が言うには、〝日本女性のほうが情がある〟。

実際、エジプト女性たちの結婚計画は実にはっきりしている。〝ある条件以下の男は、夫として不適当〟、あるいは、〝家具の準備は手伝ってもいいが、フラット探しや、結婚生活の用意をするのは夫の役目だ〟〝金持ちでなければ結婚しない〟、などと彼女たちは公然と主張する。最初、私はその明快さにひどく感心し、その合理性に小気味よさを感じた。ところが、しだいに、さっきの日本人と同様、彼女たちの合理性が鼻持ちならなくなってきた。どうして、〝金銭的に苦しくても、私をすごく想ってくれる人と結婚する〟とか、〝あの人、弱い性格だから、私の助けが必要なの〟などと、しおらしいことが言えないのだろう。

人と人が出会ってともに生活してゆくのに、公式で割り切るやり方に、私はだんだん違和感を覚えはじめた。事細かに採点表を作って、総合得点がずば抜けて高い人がいても、それが最高の結婚相手とは限らないということを彼女らは忘れているに違いない。どうやら、日本人の私には〝手なべ下げても〟式の結婚にあこがれる傾向、全面的にこのような結婚を支持する気持ちが出てきたらしい。日本人は昔から、好き合って一緒になった二人が極貧と闘いながら寄り添って生活する姿を映画や小説にするのが好きだった。実際、こうして暮らす若者を見る世間の目も温かかった。駈《か》け落ちすらあるくらいだ。

しかし、エジプトには、〝手なべ下げても〟と考える女性はまずいない。合理的に割り切れなければ、恋もしないようだ。当然、駈け落ちなんてことは非常に少ない。親が反対すれば、好きな相手もあきらめるか、または、反対されるとわかっている相手は最初から無視してしまう。そして、結婚した相手には女としての当然の権利と義務を平然と計算どおり行使してゆくというのが、彼女らのものの考え方である。アラブ人の結婚には愛がないと言われる。お互いに知り合って好きになりさえすれば、それで結婚ができるわけではないからだ。生まれて間もなく婚約者が決まっていることすらある。最近では成長した後、自分で伴侶となる人を見つけ出す男女もいるが、そうした場合には、まず両方の家族の承認、マハルの問題がある。

また、相手が決定してから結婚するまでのやりとりも、相手選びと同様、合理的精神が貫かれている。夫側も妻側も、堂々と相手に要求する。受け入れられないものがあれば交渉する。日本流の〝まあ、これも御縁ですから〟などという、曖昧な言葉はまったくない。日本人は結婚のようにめでたいときに、相手を信用しないなんて失礼だから、〝あなたのよいように〟などとよく言い、言われたほうも一生の大事だと思ってとびきり人の好さを発揮する。ところがアラブでは、夫側と妻側が顔をつきあわせて結婚に付随する問題、主としてマハルの金額をまるで商談のように交渉する。それがあたり前のやり方なのだ。

■結婚も一種の商談である

結婚を決意してから二人が結婚するまでの典型的な手順は、次のようなものだ。もっとも、これは、再婚や貧しい人の場合にはしばしば、ずっと簡略化される。

まず、結婚しようとする男は、娘の父親に意思を告げねばならない。昔からの許嫁《いいなずけ》であっても、娘自身が父親に向かって、〝あの人と結婚したい〟とすでに告げていても同じことである。正式に娘の父に申し込むことが大切なのだ。エジプトのような拓《ひら》けている所でも、まず男は父親と会う。父親がいなければ、伯父か兄、家庭に男がいないときだけ、母親がその役目を引き受ける。父親や伯父たちは、この場合「ワキール」(代理人)と呼ばれる。そして今後、一切の交渉は、この代理人と、夫となる人との間で進められる。妻になろうとしている女性が成人前ならば、代理人は絶対に必要で、父親かまたは近親者に決まっているが、成人に達していれば、代理人を自分で指名できるし、それすら望まない場合は自分自身で交渉にあたってもよいことになっている。しかしどんな下層の女性でも、代理人ぬきで結婚話を進めることはめったにない。この代理人と夫側で、マハルの額が決められるのである。

マハルは日本の結納金とはかなり趣が異なる。だから、ふつう婚資とか結婚金と訳されている。マハルは決して安い金額ではなく、また結婚には不可欠なので、男たちはマハルがたまった時点でようやく結婚相手を探しはじめるほどだ。もちろん、金額の個人差は大きい。このとき決められるマハルには、二種類ある。「ムタカッダム」(先払い)と「ムタアッハル」(後払い)だ。ムタカッダムとムタアッハルの割合は五対五とか五対七くらい。ムタアッハルは離婚金とでもいえよう。つまり、結婚する以前に、別れるときにはいくら与えると約束するのだ。

相手との意見が合わなければ、話し合いは連日続けられる。新郎に代わって、彼の父や兄弟が新婦の代理人のところへ出向く場合もある。こうした交渉は当事者だけにまかせてはいけないと考えられているからだ。結婚についての条件は、こちらが損しないように綿密に定められている。愛情があればすべてうまくいくなどと考えて、曖昧な契約をしてしまう危険は決してない。この交渉は、冷静に事にあたれる大人たちの役目だというわけである。

こうして交渉が積み重なり、結婚契約書が作られてゆく。つまり、新郎と新婦の間に契約が交わされるのだ。両者の間の話し合いが決着した後、正式に契約を成立させるための式、「ミルカ」が行なわれる。このミルカは、それから数日ないしは数ヵ月後に行なわれる披露宴よりもはるかに意味がある。しかし式自体は契約を取り交わすだけのもので、出席者もごく限られた者だけに過ぎない。その後、盛大な結婚披露宴が催されて二人は晴れて夫婦となる。この結婚式までの経過を見てもわかるとおり、アラブでは結婚も純然たる契約関係によって成り立つと考えられている。愛しているので結婚するといった単純さは受け入れられない。愛のない結婚といわれるゆえんかもしれない。

ヨーロッパでは、結婚は、男女が神の名において生涯変わることのない愛を誓い合ったのちに成立すると考えられてきた。しかし、アラブ人の考え方は違う。アラブは、もっと人間の現実面を冷めた目で観察している。彼らは、愛は冷めるものだと結論しているのだ。その結論から生まれた彼らの結婚観には、愛は相互に変わりうるという前提がある。あてにならない人間同士の約束として契約が結ばれるというのだ。イスラム教では、神と人間は契約の関係にある。神と人間が、想定された血縁関係とか絆によって自然に結合する日本の神道とは本質的に異なっているといえよう。イスラム教では、神と人間は双方の自由な選択と決断に基づいて契約を結び、その両者の関係はきわめて論理的なものだと考える。この考え方は、ユダヤ教でもまったく同じだ。

しかもこの契約関係は、神と人間という縦の場合だけではなく、人間と人間という横の関係でも非常に重視される。契約は守り、守られなければならない。アラブにおける契約の典型が結婚といえよう。前述したように、アラブでは愛ほどあてにならないものはない。一緒に暮らしていても二人の気持ちは冷めることがある、と人間を判断して、その結論に見合う結婚形態、契約によって結ばれた夫婦関係という合理的な方法を実行してきた。ヨーロッパの結婚は、神の前で永遠だと誓ったように、永遠でなければならない。この二人の愛は神によって定められたものだから、夫婦の離婚などは認めなかった。結婚前は男女の間は比較的自由だったのに、一度結婚すると、それは不動のものになってしまう。

ところで、日本ではどうだろう。人の心は移り変わるものだ。〝だから〟、と人のよい日本人は考えた。〝一緒に暮らすうちに情がわいて、大概の夫婦は、なんとかなるものだ〟と。しかし、現在の日本では、毎年離婚率が高まっているという。それはきっと、はじめにもっと冷静に結婚のことを考え、人の心は移り変わるものだという原則を直視していないからであろう。容姿とか趣味とか、人間のたくさんの資質の中から二、三の一致点を見出し、それを簡単に愛というものにすりかえ、愛があれば結婚をするといったドグマティックな論理から安易な結婚が行なわれているからであろう。そのうえ、父親の名前をはっきりと出せずに子供を産む女が〝未婚の母〟などと美化される現在では、その結婚の形態すらあやしくなっている。

こういった社会に比してアラブ世界では、いまだに結婚という厳正な方法を、冷静かつ将来までの計算ずくのうえで忠実に守っているのだ。

■アラブの結婚業者

こういった計算高さ、合理性は、マハルに限らず、花嫁、花婿探しのときにも発揮される。男女の隔離が厳しく、未婚の男女が親しく口をきくことさえままならない世界では、恋することさえむずかしい。それでも、砂漠や農村のように人々がまだ小規模なコミュニティで、昔ながらの部族連帯意識に支えられて暮らしている地域では、それなりにスムーズに結婚が成立してきた。たとえ、直接、会話をかわすことは不可能でも、戸外で働いていれば、ベールの奥に互いの好意を感じあうこともできる。

ところが、生活は変化してしまったのに、遊牧民の伝統をそのまま守ろうという社会、たとえばカイロやバグダッドのような大都会では、そういうわけにはいかない。都会生活では、多数の名のもとに個人が埋没してしまう。親戚縁者でもない限り、適当な結婚相手の存在を知るのはむずかしい。若者は自分の力では伴侶を探しづらい。まして、都会のほうが男女の隔離はいっそう厳重だ。適当な人に出会うためには、人の助けが必要になってくる。そこで活躍したのが、「ハトベー」または「ハティベー」と呼ばれる婦人たちである。

このハトベーは、仲人というよりも仲人業者と訳したほうがよい。男の家柄、財力、好みなどの諸条件を心得たうえで、条件に見合う女性を探す。その情報を売ることで金を得る商いである。ハトベーは女性に限られている。女性でなければ、家の中の女性のみの住居空間であるハリームに入れないからだ。それも、いろいろなハリームに比較的自由に出入りできる者、たとえば宝石店や洋服店などを兼業している者が多い。

さて、然《しか》るべき相手を見つけて結婚しようという者は、母親や近親の者を通じてこのハトベーを雇う。ハトベーたちは、雇い主の質問に答えて、思い当たる娘を紹介する。「○○家の娘は、髪の毛も黒く優しい乙女ですが、持参金は期待できそうにありませんなあ」といった実際的な報告をする。そこで、気に入った娘がいれば、男の母親や近親者はハトベーに伴われて、何軒かのハリームを歩き回る。まるで不動産を探しているようにだ。

ハリームのほうでは、彼女たちの一行を単なる出入り商人の知人として受け入れる。だが、それはあくまでも表面的、建て前のうえだけであって、訪問される家のほうでも客人の目的は十分理解しているから、接待には細心の注意を払っている。こうしておけば、ハトベーたち一行は希望に合わなければ即刻暇《いとま》乞いをすればよいし、花嫁候補者のほうでもそうされたからといって傷つかずにすむからである。ここが、アラブの本音と建て前の使い分けのうまさといえよう。反対に相手が気に入ったときは、訪問者一行は、自分の本当の目的と気持ちを相手に告げてくわしく交渉を始める。結婚を申し込んでも承諾が得られるかどうか、年齢や特技、そのほか家事が一人前にこなせるか、さらに金銭的な点を包み隠さずきちんと問い、聞きだすことが重要である。アラブでは、金銭的なことを細かく話題にするのは恥でもなんでもない。

そこで、ハトベーの雇い主は、この身内の女性から報告を聞いて得心がいけば、あらためてハトベーを相手の家に差し向ける。今度のハトベーの役割は、結婚したいというこちらの意志をはっきりと相手に伝え、未来の新郎を言葉で紹介することだ。ただし、この紹介は当てにならない。ハトベーにしてみれば、両者の橋渡しは商売である。もし二人が無事結婚までこぎ着ければ、彼女にはさらに収入が入る。ハトベーが夫候補を紹介する言葉は、アラブ商人の売り込みに似ている。ごく平凡な若者が〝眉目秀麗〟になり、小銭をため込んだ中年商人が〝根は優しく、商売はすご腕の御大尽〟となる。このあたりの呼吸は、日本の披露宴でよく聞く「新郎は○○大学を優秀な成績で卒業され……」といった例のスピーチに似てないこともない。

このハトベーなる職業婦人を使った結婚相手探しは、男女の隔離が激しい都会ではなかなか合理的なやり方とされてきた。第三者の目から見た客観的な情報が手に入るからだ。女性の側にしても男性の側にしても、候補者の範囲が拡大されて、各々の条件に適した相手が探しやすくなる。最初から男の経済状態がわかっているから、結婚に伴うさまざまな交渉もスムーズにゆくというものだ。もっとも、顔すら知らぬ二人が結婚するのだから、悲喜劇はつきものだ。

結婚相手になる女の〝妻の資格〟について、『コーラン』（五章の五節）には次のように書かれている。

……信者の貞節な女も、おまえたちより以前に経典を授けられた人々の中の貞節な女も、おまえたちが姦淫《かんいん》するのではなく、密通するのでもなく、彼女たちに結納を与えて妻に迎えるならばよい。信仰にそむく者は、その行ないは徒労に帰し、来世においても損失者となる。

この場合の〝おまえたちより以前に経典を授けられた人々〟とは、ユダヤ教徒とキリスト教徒の女を指している。このようにアラブの結婚は、金銭がしっかりとかかわっている点がその特徴といえよう。この習慣は今でも変わらない。

■結婚は契約関係である

ところで、マハルや二人の住居、結婚式の日取りなど、結婚契約の諸条件についての話し合いが終わるといよいよ契約式が行なわれる。〝ミルカ〟とか〝アクド・アル・ニカーヒ〟と呼ばれるこの儀式は、この後の披露宴よりずっと意味がある式だが、ごく身内の者だけが集まって行なわれる質素なものだ。私が実際に出席できたのはカイロ市内のインテリのもので、ごく簡単に双方の家族が挨拶を交わし、結婚の条件を確認するだけで終わってしまった。

一方、片倉もとこ氏は、『アラブ的価値観をめぐる一考察』で、アラビア半島西南部紅海沿岸の町ジーザーンでの契約式の模様を報告している。彼女は、アラビア半島のベドウィンの中で生活しながら、男女隔離の激しいアラブでは男性研究者が立ち入れなかった分野まで含めて、女性の立場からくわしく調査を行なったのである。その彼女の報告によれば、アラビア半島のいなか町の契約式は結構派手な催しで、契約書類もきちんとあって、双方がこれに署名するという。

「ミルカが行なわれる美しい宵、花嫁の近親者やごく親しい友人たちが花嫁の家に集まる。男たちは〝男の間〟で、女たちはハリームで、花婿とマーズーン（結婚登録人）の到着を待つ。男たちは香やシャイ（お茶）のもてなしを受けて、のんびりと話をしているだけだが、女たちのほうは、手拍子をとって踊ったり、〝ザガリード〟という、〝ルルルル、ラララ〟とのどを鳴らす歓喜の声などをあげてなかなかにぎやかだ。やがてマーズーンが到着して、一通りの接待が終わると、彼と花婿と、花嫁の父、花婿の兄、花嫁側からの証人一人、花婿側からの証人一人の計六人が別室に入って、契約が交わされる。マーズーンは結婚契約書を持参し、その書類に、あらかじめ当事者間で話がまとめられていたマハルやその他の条件事項を記載してゆく。やはり、新郎新婦の間柄が遠ければ、それだけ記載される条件は細かい。この契約書が完成すると、花婿の兄が花嫁のところに行って、彼女の署名をとる。まれに花嫁がサインを拒否し、自分の不本意を訴えるケースもあるという。もちろん、契約の当事者が署名を拒否したら、契約は成立しない。契約条項を改善するか、結婚の話は御破算になる」。

彼女の報告によれば、花嫁は無事署名を終え、続いて花婿、二人の保証人、最後にマーズーンの計五人が署名して、契約は完了した。ここで花嫁の父と花婿がしっかりと手を握り合うと、ひどくあらたまった厳粛な雰囲気になる。ミルカのクライマックスであるとともに、結婚する二人の出発点でもあるからだ。そして、マーズーンが契約書の全文を読みあげ、『コーラン』一章のファーティ（開巻）の一節を全員が唱えて、ミルカは終わる。

日本の婚礼の最大のクライマックスというと、三三九度が思い浮かぶ。結納のときと同様、このときも酒が重要な役割を果たす。しかし、イスラムでは酒は禁止されている。あらゆる儀式や祭に酒が出されないのはもちろん、イスラム教徒たちは酒抜きで歌い、舞い、コーヒーやジュースを飲みながら宴《うたげ》を張る。何かというと酒が登場する日本人には、なかなかその感覚をつかむのはむずかしいかもしれない。日本人は、自分たちが食するのと同じ物を神にささげ、そのささげた物を下げて互いに食べることによって、神を慰めたという。とくに、神へのささげ物には酒が選ばれた。酒をともに飲むことによって、神の霊と人間の霊が一致するのだという共同信仰があったといえる。祝言で三三九度や夫婦杯として御神酒《おみき》を飲むのも、同じだといえよう。神がまだ式場にいられるときに、神に供えた酒を花嫁と花婿が飲み交わす。酒を飲み交わすことで神と花嫁と花婿が一体になる。一体になることで結婚が成立し、神に二人の結婚が喜びをもって迎えられる。結婚という人と人との関係に神が参加し、神が二人の一体化を助けるのが日本の婚礼といえる。

キリスト教徒の結婚では、神をおそれ、その力を信じて二人の愛を神に誓うが、日本人には、神が人間たちの間にやって来て、新しい夫婦の関係が確かなものとなるように助けてくれるという発想がある。ここでは、人間と神は対立的に存在するのではない。人と人との関係も、明確に対立するものとしてとらえられていない。人と人は、媒介されて一体化する。夫と妻は、神を媒介として結びつく。それが日本の結婚であり、日本の夫婦の関係と考えられていた。

しかし、ミルカにみられるように、アラブの結婚では、夫と妻はあくまでも対立した個人と考えられている。夫と妻の利害は、必ずしも一致しない。二人は契約によって結ばれたのであり、それぞれ強い意志とはっきりとした個性を持った二人の人間が一連の具体的条件を出し合い、その条件が満たされるかぎりで一緒に生活するという約束の関係にある。ということは、条件が満たされなくなれば契約は解消され、離婚は簡単に成立する。つまり、アラブにおける結婚は神には関係なく、人間対人間の関係と考えられている。夫婦の結び付きは人間の関係に過ぎないから、恒常的に固定したものではない。それ自体解消の可能性を含んだ流動的なものと考えてよいだろう。夫と妻ははっきりと対照的にとらえられ、両者は対立的な緊張した状態で暮らしているのだ。このような恐ろしい状態の中で、アラブの男と女が何千年も過ごしてきたのは、自然環境のなせる業というべきだろうか。

これを物語るおもしろいジョークが、かの『アラブジョーク集』（牟田口義郎編著、塙治夫訳）のなかにある。

『妻「あなた、私たちの結婚記念日、あなた覚えていて?」

夫「もちろんだよ。あの日を忘れることなんてできるものかよ。次の日からおれたちの間に戦いが始まったんだからなあ』」

■アラブ式の結婚式に参加すれば

結婚契約も無事とり交わされ、いよいよ結婚式が迫ると、その二、三日前から、結婚のためのさまざまな行事が行なわれる。結婚契約が正式に成立していれば、二人の関係はすでに正式なものとして本人も周囲も認めているのだが、さらにそのうえ儀式が追加される。友人や親類を招いて宴を催したり、行列を作って街を練り歩く。こうした儀礼には、神とか、あるいは法律上の正当性などは一切関係ない。結婚する二人と周囲の人々との間の人間関係のために行なわれる催しである。二人は、自分たちが夫婦になることをあらためて披露し、人々に承認してもらう。人々は二人のうえに生ずる関係を認め、いつまでもその状態が永続するようにとの願いを込めて儀式に参加する。

日本でこの種の儀礼で欠かせないものといえば、花嫁行列と結婚披露宴だ。アラブでもやはり、花嫁行列を組んで街中、村中を練り歩く。パーティも開かれる。さらにアラブの結婚式で欠かせないのが、「ヘンナの儀式」だ。ヘンナはアラブ独特の赤味がかったオレンジ色の染料で、これを使って、手足の爪や指、あるいは手や足の裏を染める。これはアラブ女性にとっては重要な風習で、祝い事がある前日などはヘンナで手足を染める。婚礼の前夜は特に〝ヘンナの夜〟と呼ばれているほどで、化粧の上手な女性が花嫁の手を念入りに染めあげる。花婿も、ヘンナで手を染めることもある。

かつてウィリアム・レインは、一五〇年前のカイロ市内の結婚セレモニーの様子を記録したことがある（『エジプト風俗史』）。そこでは、浴場から自宅へ、あるいは自宅を出て新郎の家へ向かう新婦のはなやかな行列や、モスクを出て、初夜を迎えるべく家路をたどる新郎が、友人と麗々《れいれい》しい行列を組んだ様子が書かれている。他方、片倉もとこ氏が報告しているアラビア半島西方のジエッタ付近の結婚式では、花嫁行列は組まれない。行列がない代わりに、宴が盛大に催される。宴はおもに三回開かれる。その三回の宴はそれぞれ性格が違い、そこでの花嫁の立場は、彼女にとって結婚とは何かを象徴している。その一連の行事を考えることは、アラブ人の結婚観を知るうえでもおもしろい。

まず結婚の一週間ぐらい前に、〝カーテンの儀式〟がなされる。母親が、結婚する娘にすっぽりと大きな布をかぶせてしまい、その布をカーテンのようにしてつり下げた部屋の一隅に娘を幽閉してしまう。彼女は働くことも免除され、結婚式まで身体を休め、膚の美しさを整える。カーテンの陰にいる娘の周囲にはバナード（未婚女性）が集まって、おしゃべりをしたり、一緒に泊まっていったりする。この集まりには、ハリーム（既婚女性）たちは参加できない。ハリームが、生娘たちに、結婚生活のことや性交渉のことなど、くだらないおしゃべりをしないようにとの配慮からである。

その翌日、新郎新婦側双方の人間と長老たちが集まって、花嫁の庭でパーティが開かれる。さらに結婚の二日前になると、「ハドゥ」と呼ばれる既婚女性だけのパーティが花婿の母親の世話で催される。ハリームたちだけが色とりどりの衣装をまとって集まり、香や水タバコを楽しむ。興がのってくればだれともなく歌を歌いだし、何人かの女性が車座の中に舞い出て、女だけの集まりを楽しむのだ。

いよいよ結婚の当日、ふたたびパーティが開かれる。盛大なときは、夕方から始められた宴が翌朝まで続けられ、出席者たちは一度おのおの自宅へもどって家畜などの世話をし、服を着がえると、ふたたび花嫁の家に集まってきて宴を続けたりする。パーティは、四つのグループに分かれてなされる。既婚女性、未婚女性は厳格に分けられる。女ほど厳しくはないが、男たちも既婚と未婚に分かれて別々のパーティを開く。四つのグループの中でもっとも大きくて盛大な宴を張っているのは既婚女性たちで、花嫁に近い砂庭に集まって車座になり、タンバリンや鈴を鳴らして歌ったり舞ったりする。しかし花嫁はまだ、このときはハリームたちのパーティには加われない。彼女はまだ未婚である。彼女がひっそりと隠れているカーテンの陰には、未婚女性たちがぎゅうぎゅう詰めになって座っている。このパーティは四つの集まりの中では一番静かで、ひっそりと歌を歌ったりおしゃべりをしている。
他方、男たちのパーティのほうはハリームたちほど盛大ではない。第一、この日、お茶やコーヒーや羊の大ごちそうを料理するのは男の仕事になっている。翌朝から用意を整え、できあがった料理や、お茶やお菓子を既婚女性のところへ運んで給仕するのは、年端のいかない少年たちだ。そんなわけで、既婚男性たちはなかなか忙しい。それぞれのパーティに給仕し終わってからようやく一息ついて、やっと自分たちの宴を始める。男たちは向き合って二列に並び、即興詩を朗々《ろうろう》と唱える優雅な遊びにふける。若い未婚の青年たちは勢いがよい。太鼓をたたき、歌い、それに合わせて棒きれを両手に持ち、それを頭の上にかざして振り回したりしながら、エネルギッシュなダンスを舞う。新郎も一緒に舞う場合がある。宴は夜更けまで続けられ、そのまま砂の上にごろ寝して朝を迎える。

そこでハリームたちはいったん家に帰り、花嫁の周囲で夜を明かした未婚女性たちも帰される。一方、男たちはふたたびその日の宴のための料理作りで忙しくなる。やがて昼、新しい衣装に着がえたハリームたちはふたたび宴席にもどり、男たちが用意した料理をにぎやかに食べる。そうして彼女たちは、花嫁が隠れているカーテンの近くに陣取り花婿を待つ。だから花婿は、このベールを取り去った女たちの真ん中を通り抜けなければ、花嫁のところにたどりつけない。この日は、花婿はたった一人で、花嫁への贈り物を携えて花嫁のカーテンのところにゆく。彼の生涯で、公式に他の女性たちの素顔を見ることが許される唯一の機会である。しかし、花嫁に会いにゆくことで頭が一杯の花婿には、他の女性たちの姿は目に入らない。反対に女たちのほうは、ソワソワと上気している花婿をとっくりと観察している。このときの二人の会合は、現金や装飾品をプレゼントするだけで、わずか一〇分程度で打ち切られてしまう。

この後、花嫁はカーテンから出て、ハリームたちの宴に加わることを許される。女たちは、またにぎやかな一時を過ごす。夕暮れの祈りの声が流れはじめると、ハリームたちは一斉に腰をあげて、花嫁だけをその場に残して解散する。そのあとへ花婿がやってきて、ポツンと一人残されている花嫁の手を取り、彼女が閉じ込められていたカーテンの陰で二人の初めての夜を過ごす。翌朝、慣わしで、花嫁の母が朱に染まった布をみんなに示して歩く。

周知のように、日本でも、結婚式のときには宴が張られる。人々が一堂に会することが、この宴の意味だ。結婚する当人たち、仲人、新郎新婦双方の家族、知人たちがともに酒を飲み交わし、祝いの歌を歌う。二人の結婚を機に双方の家族の間に生じた姻戚関係を出席者たちが確認する。この結婚披露の間、花嫁は終始花婿の隣に座っている。日本の結婚では、花嫁が自分の家を出て花婿の側にゆく。家の束縛が強かった時代には、その花婿の側にゆくことは、すなわち花婿の家の一員になることを意味していた。現代でも花嫁が花婿の一員になることには変わりなく、花嫁が一つの家を出て別な家の正員になる行為を結婚式は象徴しているといえよう。それに比べると、アラブの結婚式の性格は日本とは違うように思われる。ここでは結婚式を機会に、一方が他方の家族の正員になるというよりも、未婚者が既婚者になることが儀礼の中心テーマである。その点は、花婿より花嫁のほうが明確である。最初、彼女は未婚女性たちと時を過ごす。それは、自分の娘時代に別れを告げるための儀式といえよう。

■未婚の女性は半人前

最近では、アラブに研究活動などのため、単身で入り込む日本女性もふえてきた。そして、そのうちの既婚者はすべてがすべて、結婚していてよかったという。私も、アラブに滞在したり旅行したりする女性に対しては、〝結婚していなくとも、とにかくミセスで通しなさい〟、とアドバイスすることにしている。子供がたくさんいると相手に思わせることはさらによい。アラブの男性は、未婚女性と既婚女性に対するときとではまるで態度が違う。やはり、既婚女性とつきあうほうが慎重で、幾分は敬意のこもったマナーを示す。未婚女性はどうしても半人前の扱いしかしてもらえず、へたをすると会ってすぐ結婚の対象と考えられてしまう。男性もさることながら、既婚であることのメリットは、女性とつきあうときにも、より多く発揮されるのだ。

実際、結婚している女性、すなわちハリーム（既婚女性、複数形はフルム）はビント（生娘、複数形はバナード）と厳格に区別されている。この厳格さは、結婚式のパーティ一つを取りあげてもわかる。男性たちが、いちおう既婚者と未婚者に別れてパーティを開いても、両者の間のゆききは比較的オープンだったのに反して、女性たちの区別は非常に厳密だった。結婚の当日、パナードが残らずいなくなった後で、はじめて花嫁はフルムに加わることが許される。これは、女性には、未婚から既婚に変化することがいかに重要視されるかを物語っている。

それは、パーティだけではない。服装でも、前髪ののぞかせ方でも、また社会的なつきあいでも、事細かに未婚と既婚の区別が要求されている。未婚の女性には絶対に許されない話題もある。それは性に関することとか、お産や赤ん坊のことなどである。たとえば、娘たちが男性の品定めとか、性的なスキャンダルを話題にしたりすると、「はしたない（アイブ）」と、すぐ注意される。興味がないわけではないから、ビントたちも陰でこっそりと話したりするが、あくまでも内密で恥ずかしそうにしている。どんなときでも、慎ましさが求められているのだ。

ところが、既婚女性同士では、話題は急にオープンになる。男性がいれば話はまったく別だが、彼女たちだけしかいないときは陽気で騒がしく、いたっておおらかだ。こちらが赤くなるような話題すら、あけっぴろげに話すことさえある。秘密だった性の話題が、ごく日常的な生活の関心事に変わってゆく。子供が産まれない女がいればみんなで心配し、さまざまなアドバイスをし、果ては秘薬まで教えるという。もっとも、結婚すれば自動的に女性はハリームの仲間に入れるが、しかしハリーム集団の成員として実質的に落ちつくのは子供を産んでからだという。つまり、母性を有するようになってはじめてハリームの集まりの中に入れるのだ。初産を終えた女性を囲むハリームの集いには、〝あなたもやっと一人前になった、私たちの仲間になったのだよ〟、という雰囲気が満ちあふれているという。しかも、結婚前の女性はビント、結婚後にハリームという区別は非常にはっきりしており、たとえ年をとっていても独身の者はいつまでもビントと呼ばれる。

では、女の社会のイニシアチブをビントとハリームのどちらが握っているかといえば、これはもう絶対、後者である。アラブ女性は、ビントよりもハリームのほうがむしろ生き生きとしている。結婚後のほうが行動半径が広がり、生活も楽しんでいるようにみえる。ビントたちは、たしかにはなやかでういういしくはあるが、積極的に行動するには制約が多すぎるのだ。ハリームのほうは自分たちで集まって、パーティを開いたりする回数が多い。結婚前は、けっこう活発に行動し、生活を楽しんでいたのに、いざ結婚してしまうと夫一本になってしまい、家にこもっている場合が多い日本の女性とは、事情が正反対である。

日本では、婦人の権利拡張運動の先端をになってきた人に独身女性が多いのはおもしろい事実だ。女性が一生をかけて仕事をする際には、仕事か家庭かという選択が必ずされている。今でもそうである。独身のほうが行動しやすいとだれもが思っているのだろう。家庭と仕事が両立できないという悩みは、共働きの女性に多い。

だが、アラブでも今ようやく女性の職場進出がめだちはじめたとはいえ、彼女たちは、仕事こそが生きがいとは言わない。彼女たちにとって、仕事と結婚を引き換える人生なんて思いもよらない。それは仕事を軽んじているからではなく、仕事と結婚は別の範疇《はんちゅう》とみなし、結婚を理由に仕事をやめることなど考えない。日本の大企業にいくと、そこで働くＯＬの圧倒的多数が未婚女性であり、キャリアも十分なのに結婚している女性のほうが肩身の狭い思いをしている場合も、珍しくない。

ところが、アラブでは、職場のハリームは威風堂々として自信にあふれ、ビントたちの世話役としても、職業上の先輩としても敬意を示されている。家庭に帰っても、夫から働く女性として尊敬され、夫も家事の分担を当然のように担っている。もし、その家事が担えない場合には、必ずメイドや料理人などを手配することが夫の責任とさえ思われているのが、アラブの世界である。仕事を持つ女性も、仕事の時間が終わる前に、〝夫の世話をしなければ〟と言って、職場を離れて家にもどることも当然と認められているのだ。

■性に対する慎み深さ・おおらかさ

一夫多妻制を認めているアラブの女たちは、一日でも夫の訪れがなければ、妻は夫が別の女に心を移したのではないかと心配して大変だという。妻たちは嫉妬深く、夫を自分の側に引き付けておくための努力を怠らない。夫のためにいろいろな香木や乳香を調合したホームメイドの香りをたき込めたり、だれのためでもない他ならぬ夫のために化粧をし、着飾る。こうした行為は少しも恥ずかしいことではないとされている。アラブでは、結婚という枠組みの外では女性の貞節や徹底した男女の隔離が重んじられるが、その反面、結婚生活の中ではセックスは大いに奨励されてきた。

先ごろ、日本のある雑誌社からグラビア写真の撮影のためにカメラマンがやってきた。彼らはピラミッドをバックにしたアラブ女性のヌードを撮ろうとしたのだが、結局、念願を果たせずに帰っていったという。アラブを知っていれば、そこで裸のアラブ女性を撮るのが不可能なことは自明の理なのだ。

実際、アラブ女性は非常に慎み深い。髪の毛すら男性に見られないように、ベールでおおい隠している女性も多いのだ。カイロでさえ、袖なしのブラウスを着るのは、かなりの勇気がいるという。

アラブでは、女性のカラー・ヌードを満載した雑誌にはお目にかかれない。日本ではなんでもないと思われている女性の水着姿も、雑誌で目にするのは非常に少ない。社会のなかで、性の問題がおおらかに取りあげられることもほとんどない。男女の交際は、厳しく監視されている。男女がカップルで歩いていたら、兄弟か夫婦か、少なくとも婚約者同士のはずだ。今なお伝統が強く支配する地域では、夫と妻という間柄であっても、手を結んだり腕を組んだりは言うに及ばず、二人並んで道を歩くことさえ許されないといわれている。このような振る舞いは、親密さを人前にさらすみだらな行為とみなされているからだ。

アラブ人の性に関する行動は、非常に抑圧されている。あらゆる場面が、厳しく社会の監視によってチェックされ、男と女を取り囲むタブーは多い。タブーを破ることがないよう慎み深さが要求されている。しかし、それは性の抑圧が強いということであって、性を罪悪視するのとはまったく異なる。

イスラム教徒は、キリスト教と違って、性行為そのものを悪いとは考えない。むしろ、性行為をしない人間のほうが不自然であり、犯罪的なのだとされてきた。したがって異性との交渉を断ち、ひたすら神に仕えて暮らす修道院などの発想は、イスラム教では生まれえない。かえって、預言者ムハンマドが一度に十人もの女性を満足させることができたという逸話が好んで伝えられているくらいだ。

アラブ人は性に関してきわめて慎み深いが、その慎み深さを忘れていい場合がある。男だけが集まったときとか、既婚女性が集まったときである。その席で性的欲望や機能について、他の日常的話題について話すのと同じくごくあたりまえの調子で言及したり、微に入り細に入り、誇張も交じえて性談義を楽しむことも珍しくない。

こうした性に対するおおらかさは、文学の中にもみられる。『千夜一夜物語』などでは、主人公が女を食いものにし、乱れた性行為にふける様子が、ヨーロッパ好色文学ですらとうてい匹敵しえないほどあからさまな筆致で描かれている。

このようなアラブ人の性に対する二極面を、ラファエル・パタイは、その著書『これがアラブだ』で、性の面での自己矛盾と呼んでいる。どうしてこのような現象が起こってくるのだろう。性に対する慎み深さとおおらかさは、明らかに対立する概念なのに、アラブ人はその両特性を兼ね備えている。それはつまり、人前ではタブーに縛られ、男女の接触は極力避けねばならない、しかしその裏には、プライベートな場では、あらゆる抑制を捨てて何をしてもいいという一面があるのだ。つまり、結婚という枠の外では女の貞節や、男女席を同じうせずというルールが重んじられるが、結婚生活では逆になる。

夫婦二人の場で、妻が夫の歓心をかうために努力し、夫婦生活を大いに楽しもうと配慮をめぐらすのは恥ずかしいことではない。女たちは子供が多く産まれる方法を話し合い、秘薬の情報を交換する。男たちはきわどい冗談を交わし、大いにホラを吹きながら性談義に花を咲かせる。ただし、男女が同席する場所、あるいは未婚女性たちにはセックスの話は絶対タブーとされている。

アラブ人の持つ、慎み深さとおおらかさという二面性は、「ハリーム」という語から想像できるだろう。『千夜一夜物語』を引くまでもなく、王宮や家庭の奥（ハリーム）でのおおらかな性の狂宴にまつわる話は、たくさんある。しかし、これは男と家庭内の女との限られた空間内のことである。ここに、外部者がかかわると、事情は一変する。外部者に対しては、奥は「神聖にして、犯されざるべき場所」（ハリーム）であり、妻または女性家族構成員（ハリーム）は神聖な者であり、犯されざる者なのである。

■夫のつとめ、妻の役割

さて、このような男女関係を核にして成立している家庭のほうはどうだろう。アラブの家庭について考えてみたい。

一九五〇年以来、アラブ連盟に属する国々は憲法制定に際して、次のような共通条項を入れるようになった。それは、「社会の基礎的単位は家族であり、その家族は宗教、道徳、愛国心を基礎とする」というものである。この共通の条文を持っているのは、シリア、リビア、クウェート、イエーメン、エジプト、アルジェリア、イラクの諸憲法で、このように社会の基本は家庭であると明記している憲法は世界でも数少ないそうだ(『世界の女性史』、板垣雄三編)。

イスラム教を国教としている国々にとっては、家族や家庭は他の国々とはまったく異なった意味や重みを持っている。それが、この憲法の条文となって現われたといえよう。イスラム教の説いている家庭とは、社会から隔絶された個人の隠棲の場所ではない。家族はイスラム社会の構成要素である。イスラム教で自立しようとする社会は、男女が一つの家庭を作るより高い道徳意識と、アッラーの理想を体現した強い意志とによって実現されるべきだとされている。

イスラム学者たちは、「結婚によって、社会の変換が健康で安定した家庭を通して行なわれ、過去と現在と未来を結びつけることとなる。結婚は男女の関係を決定する手段であり、子供とその属するコミュニティとの関係を決定づける手段であり、他方では家族のメンバーを一つに統合し、世界の中でイデオロギー的、文化的役割を果たさせる社会の基礎単位である」と主張する。しかし、それほどむずかしく考えなくとも、生活の細部に家庭の持つ重みを発見することはやさしい。

日本の尺度を持ち込むと、アラブ男性のすべてがマイホーム主義者ということになる。家庭生活を犠牲にして仕事に励むことなど、彼らには考えられない。家族のために金を稼ぎ、有効にこれを使うのは、男の人生での重要な役割とされている。女性の外出はままならないから、買い物も男の仕事だ。いまでも街のスーク（市場）は、肉や野菜を買いにくる男たちでごったがえす。店の主人と肉を間に、高い、安いとせり合って食卓の糧を買っていくその男の姿は日本で見れば異常だが、アラブではあたり前だ。妻や母のために衣料品を探すのも、それほど珍しくはない。色鮮やかな布地や花柄のスカートを物色する男たちの目は真剣だ。外出できない妻のために夫が何かしてやること、それは、少しも恥ずかしいことではなく、ごく当然のことであり、それが夫の役目だと割り切っているのだろう。

したがって、家族の絆も非常に強い。彼らの絆は、家族を核に血族の間でも強固に保たれてきた。その絆は、一族のだれかが郷里を離れて、長年遠い所や海外に居住している場合でも、決して切れることがない。まめに手紙を往き来させ、訪ねてくる知人が情報をもたらす。産油国に出稼ぎに行くエジプト人たちは、はじめは当然、妻も子供も置いて単身旅立ってゆく。サウジアラビアのオフィスで働いていたエジプト女性は、反対に夫と子供を残してきていた。こうして働く彼らは、妻や親子、兄弟たちばかりではなく、伯父や従兄弟にまで仕送りしていることが多い。

このように、イスラム教徒たちは、家庭こそ社会の基本だと考えてきた。しかしその家庭での男女の役割はまったく違う。『コーラン』（四章の三四節）には、「男は女より優位にある。というのは、神がおたがいのあいだに優劣をつけたもうたからであり、また男が金を出すからである」、とある。

夫は、妻や子供を扶養しなければならない。これが夫の家庭での義務である。だから、たとえ妻に財産があっても、一家の生計は夫の負担となる。お互いの財産はあくまでも別財産で、結婚したからといって決して共有のものにはならない。それどころか、妻に財産がある場合でも、夫が妻の地位にふさわしい扶養を怠った場合は、妻の側から離婚を請求できる。家庭の経済的責任はすべて夫が負う。これが、イスラム法上の家庭での夫の義務である。この義務を果たしていれば、夫は妻に自分への服従を要求する権利があり、自分に従わない妻を戒めることができる。

一方、妻たる女性の義務は夫に従い、家事労働を負うことである。そして、社会的にみて、何よりも重要視されるのが、自分の産んだ子を自分の手で育てるという母としての役割である。夫には、子供を扶養する義務、男児の心身の教育という義務がある。しかし、実際に自分の産んだ子供に授乳し、幼い子を教育するのは、母親の絶対果たさなければならない義務とされている。快適な生活のために家事を切り盛りし、子供を育てることが、家庭での、いや社会的に重要な女性の役割とされてきた。

こうした女性の役割は男性のそれと比べて劣っている、あるいはつまらないもの、と思われているわけではない。「家庭の中では女性は女王であり、ムスリムの夫は客だ」、と男たちは考えている。

アラブ世界では、男女の世界が厳密に区別されている。家庭の内側は女の世界であり、外側は男の世界だ。ただし、この〝内〟と〝外〟との間に価値の差はない、というのが彼らの発想といえよう。他の仕事に比べたら家庭のことなどつまらぬことだとは考えない。家庭のことも、社会にとって重大だと考えている。だから、家事を切り盛りし、子供を育てている母親は貴重な存在なのだ。それが、母親たちの自信にもつながっているといえよう。このようにアラブの〝内〟と〝外〟とは価値を同じくし、その分担に差があると考えられているが、しかし、最近、共稼ぎの多くなった都会のアラブ人たち、たとえばエジプトやシリアやレバノンの女性たちの間では、仕事と家庭の区別というものが考え直されつつあるようだ。

アラブで家庭のもつ意味は非常に重要だが、これはおそらく、アラブが遊牧民社会を構成していたころ、一つの氏族を単位に動いていたことが習慣として残ったこと、また、エジプトなど農業立国では、農業労働者としての家族の団結が非常に重要な役割を果たしていたことの名残りといえよう。同じ農業国としての日本が、第二次世界大戦前までは、家を中心とした大家族主義だったことと、一脈通ずるものがあろう。おそらく、その大家族主義の基本的な発想は日本と同じだが、しかし、アラブでは家族の体面、利益や活動が、個人的な行為よりも依然として重要視されているのである。

第2章　アラブの女たち

■女は、男の所有物である

『コーラン』四章の三四節は、次のようにいう。

男は女より優位にある。というのは、神がおたがいに優劣をつけたもうたからであり、また男が金を出すからである。

また、三三章の三三節では、

おまえたち（女性）は家の中にとどまるのだ。昔の無明時代（筆者註＝イスラムの教えを知らなかったころ）のような、はでな身づくろいをしてはならない。礼拝を守り、喜捨を行ない、神とその使徒に従順であれ。おお、家庭の者よ、神はただおまえたちから不浄を除き、清浄にしてくださる御心一途だ。

この『コーラン』の二つの節から、一般に、イスラム教徒の女は男の所有物であり、男の思うままに扱われたと思われがちである。しかし、実際、家庭の中では女たちこそ最大の権力者である。外に顔を出さないためにかえって、その女性の地位は高いといっても過言ではない。つまり、女性は外部の仕事はいっさいしなくてもいいからだ。女性には、買い物、対外的な交渉、交際、その他社会的な負担がない。メイドや洗濯人たちを雇っている家庭の女性などは、暇を持て余し、女同士集まって世間話をし、そして男の帰ってくるのを待つという毎日を送っているのだ。家庭を女性に占領されてしまった男たちの立場は、はかない。

たとえば、こんなジョークがある（『アラブジョーク集』、牟田口義郎編著、塙治夫訳）。

『ファイサルが友人のオスマンに言った。

「僕の家では、女房はピアノを、娘はバイオリンを練習しているんだ」

オスマンが聞いた。

「それでファイサル、君はいったい何を練習してるんだね」

男は答えた。

「辛抱することをさ」』

アラブ社会の女たちは、未婚者は結婚相手を、既婚者はいかに時間を潰すかを考え、また年をとると、いかに神のもとにいくかということばかりを考えている、と皮肉られる。職場を持っている女たちは別として、外出もままならないまま家庭に埋没している女たちの関心事は、いかに夫を喜ばせるかとか、料理とか、育児などに限られる。もっとも、世界の情報が入って来る最近では、パーティなどで暇をつぶせる欧米の女性たちの生き方をひどくうらやましく思い、自分たちの閉鎖された社会に恨みを持つ女性も多いという。

家庭内に押し込められているアラブの女たちにとって、最大の悩みは夫への嫉妬である。「男は、しょせん何人もの女を追い求めるものだ」という既成概念が頭から離れず、夫の留守中は、ただひたすら彼の浮気を妄想し、それがつのって胃が痛くなり、場合によっては精神科の門までたたくはめになる。彼女たちを笑うことはできない。万が一本当に夫が浮気、あるいは次の妻をもらおうとしていると判明しても、女たちはただ諦めるしかないからだ。

こうして、抑圧された女たちの最大の望みは、その自分の地域社会から出て、息抜きをすることである。航空機の発達した最近は、外国旅行が彼女らの人気の的だ。外国で、最新流行の洋服やきらびやかな宝石を買い、食事をしたり、ショウや映画を見物して楽しむ。夏になると、夫にせがんで、一家揃ってヨーロッパに避暑に行く金持ちの家庭も多い。そういうときの彼女たちの表情は、生き生きとしている。そのとき、初めて人間としての喜びを感じているかのようだ。彼女たちは、外国に向かう飛行機に乗るや否や、ふだんは絶対身につけているベールや、黒ずくめの洋服を一気に脱ぎ、くるくるっと丸めて、しまってしまう。反対に、ヨーロッパから帰国するときは、はなやかな最新流行のパリファッションの上に、黒い外衣とベールをいやいやながらまとう。それは、陰鬱な閉ざされた世界にもどる象徴的な儀式のようだ。

この点は、近代的なエジプトやシリアなどでも、大なり小なり同じことがいえる。とくに町のはずれ、農村地帯や低所得者層の間では、いまだに女は男の所有物だという観念が強い。こういった社会でも、果たして今後女は解放されるのだろうか。もっとも、エジプトなどではすでに大統領の夫人によって、女性解放が叫ばれてはいる。しかし、幾多の男女不平等な取り決めがある「シャリーア」（イスラム宗教法）を現代的に変えてゆくことはなかなかむずかしい。アラブ女性の今後は、女性みずからの心のあり方にかかっている。

■嫉妬に狂い、権力に狂った美貌の女シャジャラト

アラブ史の中では、女性は抑圧されたもの、しいたげられたもの、閉ざされたものとして扱われているが、中には、シャジャラト・アル＝ドッル、というスルタン（君主）になった女性もいる。彼女の名前は、アラブの女性史を語るうえでは欠かせない。彼女が奴隷の身分からついにスルタンに即位するまでの前半生は、『千夜一夜物語』の、主人に献身してやまない才色兼備の女奴隷たちの姿を思い起こさせる。教養と賢さで主人を助け、寵愛を一身に集めた美貌のシャジャラトの一生は、この物語に登場した数々の美しい王女にまさるとも劣らない。

彼女は〝真珠の木〟という華麗な名前の持ち主だが、このような呼ばれ方自体、彼女が奴隷だったことを表わしている。おそらく彼女はアルメニアかトルコの出身であり、幼いころ奴隷商人の手を経て旧家や王宮のハリームを転々としたのちに、アイユーブ朝の七代スルタンになったサーリフ・ナジュム・アル＝ディーンの王宮に買い入れられた。まだ皇太子だったサーリフのハリームには、一〇〇人もの奴隷がいた。その中で彼女がひときわ光ったのは、美しさもさることながら、いろいろな言葉を話し、深い教養を身につけて皇太子の話相手になったからである。

皇太子サーリフがスルタンに即位するまでの道のりは、非常に厳しかった。彼は、白人奴隷のマムルークたちのめざましい働きに助けられながら、一二四〇年五月、ついに弟アーデルを倒してスルタンに就任する。その間、いつもシャジャラトは主人のそばにいて、助けたと伝えられている。やがて、サーリフはナイル川の中洲ローダ島に壮大な王宮を建設し、自分とともに一〇〇〇人以上ものマムルークを住まわした。このローダ島に移り住んだとき、シャジャラトは、正式の王妃となっていた。父親から辺境の地へ追いやられたサーリフを慰め、伯父に幽閉されたときにはサーリフと辛苦を共にした彼女は、新スルタンの数少ない相談相手だったばかりか、今や国政の参謀にすらなっていた。奴隷の身分から解放され、自由人になってから結婚した彼女は、夫と共に幸せな日々を過ごしていた。

しかし、一二四九年、エジプト上陸に成功した十字軍との戦争が始まろうというとき、スルタンはマンスーラの宮殿の奥で息を引きとってしまった。死んだことを人々に知られれば混乱を招き、アイユーブ朝の存続にかかわると判断したシャジャラトは、スルタンの死を隠し、養子であるトゥーラーン・シャーを新スルタンにすべく奔走し、見事にその役を果たした。ところが、その彼女の思いやりを理解しなかったトゥーラーン・シャーは、スルタンに即位するや、彼女やその周辺のマムルークたちを弾圧しはじめた。しかし、過去に数々の苦しさや困難を通り抜けてきたシャジャラトは、義理の息子のひどい仕打ちに甘んじているほど弱い女ではなかった。マムルークたちにトゥーラーン・シャーを殺害させて一二五〇年、彼女みずからがついにスルタンに就任したのである。イスラム史上、最初で最後の女性スルタンの誕生であった。国の実権を握っていたマムルークたちが、一致して彼女を支援したのである。

しかし、スルタンに就任したものの、彼女は、女性であるため、しなくてもよい苦労をするはめになる。バグダッドにいたカリフ（教主兼国王）が、彼女に任官証明を与えなかったのである。市井には、やがて、

「女性を君主に頂く民は栄えず」

という風聞が流れ始めた。大幅な減税を施行したにもかかわらず、人々と女性スルタンの間には波風が立ち始めた。民衆は女性に支配されることへの嫌悪をあからさまに表明し、知識人はあえて言葉で非難するほどまでになった。こうして、在位わずか八〇日で、彼女はスルタンの位を退く。

後任のスルタンには、彼女と古くから行動を共にしてきたマムルークの一人、総司令官であったアイバクが決まった。マムルークの実力者たちが、互いに牽制し合ったために、漁夫の利を得た恰好のアイバクには、何よりもシャジャラトの後援があった。彼女にしてみれば、温厚で勇敢であるうえ、彼女に恋心を持っていたアイバクは、傀儡《かいらい》として最適の

男だった。このとき、シャジャラトは三五歳、女王のごとくマムルークたちのうえに君臨したのである。しかし、マムルークたちの間には、もう信頼関係はなかった。結束にも足並みの乱れがめだつようになり、国が乱れ、対外的にも小さないざこざが絶えなかった。スルタンとなったアイバクは混乱の中で地盤を築き、マムルーク王朝、つまり奴隷王朝の基礎を確立した。

やがて、アイバクはマムルークのスルタンとして、着実に力をつけ、シャジャラトはアイバクと正式に結婚する。けれど、これは不幸な結婚だった。アイバクと結婚した彼女は、以前のように夫を助ける良妻ではなく、権力の味を知った者であり、その権力を必死に守るために行動した。夫を包み込む優しい愛情はすでになく、そのくせ極端に嫉妬深くなっていた。アイバクの前の妻とも無理矢理離婚させ、その間にできた子供と会うことも禁じてしまう。そのため、長年彼女を慕い続けてきたアイバクの恋も、彼女を妻にしたために冷めていってしまった。権力と栄華を手中に収めながらも、結婚生活は悲惨そのものだった。

破局は、ついにやって来る。アイバクが政略的意図から第二の妻を迎えようとしたとき、彼女は、夫アイバクの殺害を計画しはじめる。ある日、口論のあと、甘い言葉で彼の怒りをなだめ、改心して彼に服従する、と見せかけておいて、二人で風呂に入る。そのとき、隠れていた手下に襲わせ、風呂の中で殺害してしまったのだ。だが、その後、シャジャラト自身も、夫の前妻と息子のアリーの復讐を受け、殺されてしまう。夫殺しの重罪人としてだ。

このシャジャラトは、二つの愛に生きた女性といえよう。サーリフへの落ち着いた献身的な愛と、アイバクへの嫉妬深い横暴な愛だ。サーリフの女奴隷として暮らしていたころ、彼女は美しく、若く、そのうえ賢かったので、嫉妬心をおさえて待っていれば、主人は必ず他の女のところから自分のもとに帰ってくることを知っていた。主人のために尽くしさえすれば、主人はそれを喜び、彼女もその喜びを分かちあえた。そのときの彼女は主人に服従する立場にあり、その愛情は耐える愛でありながらも、心は平安に満ちたものであった。

それに反し、彼女が相手に要求できる立場になったとき、求めてやまぬ愛を感じたとき、苦しみの連続に突き落とされてしまう。アイバクが永年シャジャラトに恋していたことが、彼女を自惚《うぬぼ》れさせたともいえよう。人の心は変わるという単純な事実を、彼女は念頭に置かなかった。権力にものをいわせて、要求ばかりした。その彼女の愛は、結局、心の平安を得られるものではなかった。利用するはずだったアイバクの心に縛られるようにして嫉妬に狂っていった彼女は、すでに四〇歳であった。

シャジャラトには、親もなければ子供もない。ふと歴史上に顔を出し、激しい一生を生きた女性だった。その墓は、今もカイロに残っている。彼女の一生には、アラブの女の生き方、アラブの女の考え方が集約されているともいえよう。

■女の貞節は信用するな

姦通に対して、アラブ人は非常に敏感である。姦通は大罪であり、それを犯してしまった男女、とくに女性に対する社会の目は冷酷である。実家、家族、両親、兄弟たちが、不貞を働いた妻をかばうことはまず期待できない。不貞は道義的な問題というよりも、犯罪に近い行為なのだ。

ところが、その反面、大衆に愛された伝承文学の中には、堂々と不道徳な場面が登場してきた。かの有名な『アラビアンナイト』は、毎夜一人の処女と交わっては、翌朝その娘を殺してしまった王の夜伽《よとぎ》に出たシャハラザードが、千と一夜おもしろい話を語り継ぐという物語である。千一日後には心を改めてシャハラザードと結婚するこの王が、女性に残忍な行為をするきっかけとなったのは、妻の不義に源を発するひどい女性不信だった。

二人の兄弟シャハリヤール王とシャー・ザマーン王は、それぞれの領土で人民を正しく治めてきたが、あるとき、兄の王は弟に会いたくてしかたなくなり、大臣を彼のところに迎えにやる。弟も、大臣の言葉を聞くと、さっそく旅じたくを始め、兄の国に向かって出発するのだが、真夜中、忘れものに気づいて宮殿にもどってくる。すると、事もあろうに、自分の妻が黒人奴隷と抱き合うようにして眠っているのを発見してしまった。

〝わしがまだこの都を去らぬうちに、もうこんな事件が起こったのだから、このような姦婦は、わしが久しく留守をしていたら、いったい何をしでかすことだろう〟、と、思い悩み、弟はたちまち剣をぬいて両名を切り、ふたたび兄の国へと出発する。その兄の王の宮殿では、手厚いもてなしを受けたものの、弟は妻の事件を思い出しては悲しみに暮れ、顔色は青ざめ、身体は弱っていくばかりだった。悲しみの理由を尋ねる兄にも、妻の事件は語らない。ところが、ある日、弟は、兄の留守に兄嫁の不実の場面を目撃してしまう。

その模様は、『アラビアンナイト』(前嶋信次訳)で、次のように描写されている。

さて、王様の宮殿には、同じく兄なる王の庭園に面したところに窓が並んでいた。弟君がそこから眺めていると、おや、城門がさっと開かれ、二〇人の女奴隷と二〇人の男奴隷とがそこから姿を現わし、兄なる王のお妃がそのものどもに囲まれて歩を運んでくるのである。その美しさ優しさはたとえるものもないほどで、やがて一同は噴水池のほとりについた。そこでみな衣服をぬぎ、互いに入り交って座った。やがて妃が「マサウードや」と声をかけると、一人の黒人奴隷がそのそばにやってきて、妃の首をいだき、妃もまたその男の頸を抱いた。かの奴隷が妃とたわむれているとき、他の奴隷どもも、女奴隷たちと同じようにたわむれにふけった。こうして口づけ、抱きあい、まぐわい、そのようなさまざまのたわむれを日の暮れに近づくまでやめなかった。

弟は、兄に妃の不実を隠しておけなかった。兄は、その話を信じられなかった。しかし結局、自分の妻のひどい所行をまのあたりに見てしまう。こうして、二人は、〝自分たちほど不幸な人間がこの世にいないのなら、王位などに未練はない〟、と宮殿をあとにして、あてもない旅に出かけた。

そこで彼らが出会ったのは、ジン（魔物）と、婚礼の日にそのジンに連れ去られ、檻に閉じ込められている美しい乙女だった。兄弟二人がジンを恐れ、身を隠していると、ジンは乙女を檻から取り出し、しばし、彼女をながめて楽しむと、頭を女の膝にのせて眠ってしまった。やがて乙女が兄弟に気づくと、〝自分を抱いてくれ、そうしなければジンを起こしてけしかける〟と脅かした。ジンが恐ろしくて、女の言葉に従った二人に、女は指輪・印章をくれとせがむ。なぜならば、女はジンのすぐ側でこっそりと遊んだ男たちから印章をもらい、それを数珠《じゅず》のようにつないでいたからだ。その数は、五七〇個にもなっていた。

そこで彼女は、こんなことを語る。

このイフリートはね、もと婚礼の夜にこのあたくしをさらいましたの。そうしてあたくしを箱にいれ、その箱をまた櫃《ひつ》の中におさめてしまい、その櫃には七つの錠をおろしました。それからあたくしを、咆え狂い、波のうちよせる大海原の底に沈めたんですけれど、あいつめ知らないのですよ、あたくしども女ってものが。なにかしてやろうって、こう思い込んだら、どんなものだってひきとめることができないってことをね。それは、ある詩人がこんなに歌っているとおりだと思いますわ。

おなごは信用しちゃならぬ　その約束もあてになさるな。その愛嬌も不機嫌もみなかくし場所のなすところ。愛情を示すのも　ただのうわべだけ　うそで綴ったその着物。ヨセフの話にもかんがみなされ　おなごの手くだのおそろしさをば。また見よサタンが女を使い　アダムさまをば追いやりしたことを。

やがて、女の言葉を聞くうちに兄弟は、魔王にしてさえ、われわれよりももっと深刻な目にあっていると心安らぎ、それぞれの国に帰る。そして兄のシャハリヤール王は、宮殿に帰ると、妃ともどども男女の奴隷の首をはね、それ以降、シャハラザードと出会うまで毎夜、無垢の乙女の純潔を踏みにじり、その後殺してしまうといった所行を続けるのである。

これが、世界中に名高い『アラビアンナイト』の冒頭であり、〝超人的力を持つ者でも、女の裏切りは防げないのだ〟、とシャハリヤール王が気づいたところから、物語が展開する。その後、シャハラザード姫が夜ごとに語った物語には種々様々な女性、賢く、美しく、主人に尽くす女性も登場すれば、醜悪な者も毒婦も、そしてもちろん姦婦も登場する。反対に、自分は何の罪もないのに夫から疑われ、なぐられ、蹴られたり、死ぬほどひどい目にあわされた美女もいる。

しかし、妻の裏切りをめぐっての虚々実々のかけ引きを繰り広げてきたのは、何も物語のうえだけではない。厳しく女性を隔離し、外出のときにはベールをも着用させ、何よりも妻の裏切りを嫌ったアラブ男たちの疑わざる本音は、この『アラビアンナイト』の冒頭の、〝ジンでさえ女の裏切りは防げない〟という言葉に表われているといえよう。

■姦婦を処刑するのは当然

女性を厳しく束縛し、とくに夫や家族以外の男性から極力遠ざけておこうという発想は、裏返せば、女性の性的行動に対して強い不信感を持っている証拠だ。しかし、いくら監視の目を強めても、やはり女は浮気するものだったらしい。その大衆の無邪気さ、本音の部分が民間伝承の中に生き、物語となって人々の心を楽しませてきた。

物語に登場する姦婦たちが、怒った夫の手で首をはねられてしまったように、現実の社会でも、姦通が発覚すれば無邪気な笑い話としてはすまされない。姦婦を処刑することは、イスラム教以前から受け継がれてきた伝統的習慣なのだ。

聖書にも、「姦淫してはならない」(『出エジプト記』、二〇章一四節)とあり、「姦淫の罪を犯せば、主はあなたがたに向かい怒りを発し、天を閉ざされるだろう。そのため雨は降らず、地は産物を出さず、あなたがたは主が賜わるよい力を速やかに滅び失せるだろう」とある。

当時、女は姦通すると不妊になり、姦通した女の属する集団を滅ぼしてしまうほどの大罪だと考えられていた。姦通が大罪であるという考え方は現代でも変わらないが、『コーラン』の二四章の二節には、もっと現実的に記載されている。

姦通した女と男とには、それぞれ百回鞭《むち》打て。おまえたちが神と終末の日とを信じているならば、神の宗教を行なうにあたって両名の者に同情を起こしてはならない。

信者の一団をしてその懲罰に立ち会わしめよ。

姦淫の行為は、神に背く行為だ。だから、罪人に罰（死刑ではないが）を与えるのは、信者の義務に近いものだ。そして、ひとたびその罪を犯したものは同じ罪を犯した者か、邪宗徒としか結婚できないとされた。

また、『コーラン』の二四章四節では、次のように、姦通をはたらいたと非難される者の立場についても言及している。人妻が不貞を働いたというには、四人の証人が必要であった。証人も揃えられず人を中傷する者は、非難される。

貞淑な婦人を中傷しながら、四名の証人をあげることができなかった者は、これに八十回鞭打て。以後、これらの者の証言をけっして受けいれてはならぬ。これらの者は不徳漢である。

さらに、夫婦の間で言い分がくい違うことも、もちろんある。そんな場合についても、『コーラン』は忘れていない（二四章の六～九節）。

自分の妻を中傷しながら、自分のほかにいかなる証人もいない者は、これらの者が証言する場合、神に誓って自分のことばが真実であることを四度証言する。
そして五度目には、もし嘘をついているなら神の呪いが自分にふりかかるように、と誓う。
こういう女から懲罰が除かれる条件は、彼女が神に誓って男が嘘をついていることを四度証言し、
五度目には、もし彼のことばが真実であるなら神のお怒りが自分にふりかかるように、と誓うことである。

このほか、『コーラン』では、証拠もないのに人妻を不名誉に陥れたり、うわさを信じて軽々しく騒ぎたてる行為をいましめている。こうした姦通に関する啓示の多くは、預言者ムハンマドの最愛の妻であるアーイシャにまつわるゴシップがさわがれた直後に下されたものだ。イスラム教団内では、ただでさえ人々の好奇心をくすぐる話題なのに、政治的思惑がからみ、姦通のうわさをことさら流布しようとする一団がいたりしたため、一時期、教団内が非常に混乱した。〝妻アーイシャは潔白である〟、というアッラーの啓示がムハンマドに下って、事件は落着するが、軽々しく人を姦婦と呼ぶことの非はここで明らかにさ

れたのだ。それ以降、四人の証人を必要とするという規定は厳しく守られてきた。シャリーアにのっとって、夫が妻を離婚するには五つの方法があるが、その一つ、妻の浮気を理由にした「リヤーン」と呼ばれる離婚方法では、四人の証人が不可欠である。ところが、現実に人妻の不貞を証明できる人間を四人も揃えるのはむずかしいので、離婚は成立しにくい。ムハンマド以前は、夫が妻を姦婦だと決めつけさえすれば、それで妻の名誉は即座に傷つき、時としてその中傷が根も葉もないものであっても、妻を簡単に離婚に追い込む口実となりえた。その意味で、この証人規定は、女性の立場を守るためにある。ただでさえ、この種の話題は人のうわさの恰好の餌食になるのだ。その点では、アーイシャの事件でムハンマドもこりている。

実際、『コーラン』は、うわさの的になってしまった女性には、「信仰は固いのに、どうもすることが投げやりすぎる人妻があるものだが」と同情的であり、根拠なくうわさを広めるような者に対しては、「軽率ではあるが信仰ある貞淑な婦人を中傷する者どもは、現世にても来世にても呪われ、大きな懲罰を受ける」（二四章の二三節）と手厳しい。

イスラムという宗教は、物事に対して現実的な考えを持っている。『コーラン』には、姦通は犯してはならない大罪だけれど、いくら禁止しようともやはりその罪を犯す人間は存在するのだと肯定したうえで、それでも姦通をしてしまった人間や、あるいはその周囲の人間はこれをどうしていくかという道が明らかに示されている。

『コーラン』によれば、姦夫も姦婦も一〇〇回の鞭打ちの刑に処せられることになっているが、民間の慣習では、やはり姦婦のほうが男よりは重い罰が与えられてきた。世間が彼女に向ける目や家族の冷遇は、同じ罪を犯した男に対するよりはるかにひどい。姦婦を、彼女自身の家族が殺してしまうこともしばしばあった。アラブの中でももっとも近代的なエジプトでさえ、一九七〇年代でも、不義を知った実の兄にナイフで刺された妹（人妻）の死体がナイル川に浮かんだり、自分から殺人したと公言したその兄が、人々から快挙だといわれていた。また最近でも、父が、浮気をした娘を殺したというサウジアラビアでのニュースが伝わり、その事件が、英国のＢＢＣの制作によって話題になったほどだ。この『ある王女の死』という映画は、姦通を犯した王女が、その罪を着て、人々の前で処刑されていく悲しい物語である。

ところが、世間は姦夫にはずっと寛大なのである。たとえば、一〇三〇年代にバグダッドを支配したブワイ朝の主ジャラール・アル＝ダウラの名裁判として、次のような話が伝わっている。

一人のトルコ人が、自分の娘を犯した男を引きずるようにしてスルタンのところにやって来た。スルタンは、その男は死罪に値すると答えるが、その後、「娘をこの男と添わせればよいではないか、マハルは私が払ってやろう」と言い出す。ところが、父親はその申し出を承服できない。すると、スルタンは、剣の刃を男に持たせ、鞘のほうを自分が握って、刃を鞘に収めてみろと命じた。スルタンが鞘を動かすので、結局、男は刃を収めることができなかった。そこで、「娘の場合も同じことだ。娘が合意しなかったら、男は娘を我が物にできなかったはずだ。男を死刑にするなら娘も同じだ」とスルタンは言った。こうして、結局、スルタンが結婚金をトルコ人に払ってやり、二人は結婚することになった（『策略の書』）。

性的な行動に関する人々の裁判が、男よりも女のほうに厳しいのは世界共通だともいえるが、アラブでは「イルド」という名誉の概念があるために、それがいっそうきわだっている。イルドというのは女性の品行いかんによって決まる名誉で、女性である以上、生まれたときから守るべきイルドが決められており、それを守るのが女の義務である。もしひとたび性的な不品行を行なえば、女はすぐにイルドを失い、二度と名誉を回復することができない。一般的な名誉、男の名誉もこのイルドによって大きく左右される。身内の女が不始末をしでかせば、男たちの名誉は丸つぶれになってしまうのだ。妻の不始末は、夫だけではなく実家の男たち、彼女の父や兄や伯父たちの名誉を傷つける。名誉回復のため、間違いを起こした女を殺すのは、この男たちの仕事なのだ。

アラブ社会は、女性のイルドに、非常に神経をとがらせているので、事が起こった後の厳しい対処はともかく、それ以前に姦通などのチャンスを与えないよう、さまざまな配慮がされている。ベールを着用させたり、なるべく男女を隔離しておくのもそのためだが、なかには、結婚まで純潔を守らせるために少女に割礼を施すことすらあった。この習慣はイスラム以前からのものであり、現在でも、アラビア半島南部、イラクのバスラ、エジプトの農村などで密かに続いているという。

こうした性行為、とくに女性の性行為に対するアラブ社会の神経の過敏さは、その道徳観というよりも、砂漠という過酷な自然の中で部族という集団を形作り、その集団に守られながら生きてきた人々の伝統の所産といえよう。

集団という観点から見た女の価値は、子を産んだ母親、あるいはこれから子を産む可能性とかその能力で決まる。性的な過ちを犯せば、こうした能力がない、女としてもっとも重要な仕事に不適格だという烙印を押され、そうなればその女性は部族内での存在価値がなくなり、そのままその社会からドロップアウトし、死を選ぶか、他の社会に逃れていく以外に手はない（『これがアラブだ』、ラファエル・パタイ著）。

こういった伝統的な貞操観念は、今でもアラブ諸国に受け継がれ、結婚前の乙女たちは、なかなか男たちとの交際の機会に恵まれない。また、そういう機会を与えないようにするのが、母親、父親、または兄弟の大きな役目となり、たえず監視の目を怠らず、他の家族も、他の娘に対して同じような意味合いから監視をしている。そして、女は、だれでも生まれたときから守るべきイルドがちゃんと決められており、そのイルドの習慣は今でも変わっていない。処女という肉体上の属性が、感情的、概念的レベルで、イルドというものに置きかえられているように思われるのだ。

■ベールからのぞく瞳が魅力的

アラブ女性のアーモンド型の目は非常に大きく、愛らしい。昔は、外出の際、顔を隠すためにベールを着用していた。ベールから出ているのはわずかに目だけ。その美しい目の魅力をより効果的に活用する術を、彼女たちは長い歴史のなかで自分のものにしてしまったようだ。かつて女性は、夫以外の男性に膚を見せてはならないというイスラムの教えに従って、めったに外出しなかったし、外出時にはゆったりした外出専用の衣装をつけ、「タルハ」と呼ばれるかぶりもので髪を隠した。そのうえ、顔はベールで覆ってしまい、他人の視線にさらされるのは、わずかに瞳だけとなれば、その美しさが自然にみがかれるのも無理ないかもしれない。

最近は、爽やかな目元が濃い化粧で縁取られ、ドキッとするほど濃い化粧をした女性とすれ違うことも都会では多い。それこそ、特殊な女性のような……。おかげでこんなエピソードがある。

ナイル川に沿った橋に、オレンジ色の燈火が点されるカイロの夕暮れ時、一人気ままな市内観光からもどった友人は、宿泊中のホテルのロビーで一人のエジプト人婦人とすれ違った。一瞬、彼の頭にひらめくものがあった。〝かの御婦人は、異国での一夜を楽しませてくれるべく、目前に出現したに違いない〟、と。すこし太めの崩れかかりそうな肢体、ぷんぷん匂う香水、ひらひらと裾を引きずる仰々しいドレス、そしてベッタリ青く塗られたアイシャドー。彼女は、その目で彼に向かって合図したように思えた。そこで、私の友人は異国の一夜のために、遠ざかりつつある彼女を追いかけて、商取り引きを願うべく声をかけた。

ところが、彼女は売春婦どころか、れっきとしたエジプトの上流階級の婦人だったのだ。烈火のごとく怒った彼女は夫を連れて彼の後を追いかけてきたという。その夫の身体を震わせた怒りようはすさまじかったらしい。「しかし、たしかに彼女は目で合図したんだがなあ」と、友人は、しきりにボヤいていた。

もっとも、外国人に誤解されるほど濃い目元の化粧は、他ならぬエジプトこそが発祥の地なのだ。有名なツタンカーメンの黄金のマスクの顔は、くっきりと緑色のアイラインに縁取られている。また、墓や神殿の壁画に描かれている古代エジプト人の多くもやはり目に縁取りをしている。彼らは特製のパレットで、緑色のくじゃく石を潰して粉末にし、卵白でのばして目の縁に塗った。

このくじゃく石は、再生のシンボルであるとともに、最高の目薬だと考えられていた。エジプトの太陽は熱く、光は強い。昔からこの地には目の病気が多かった。それに乾燥が激しいので、眼球表面のわずかな水分を求めて、小さな虫やハエが目に飛び込んできたりもする。アイラインは眼炎から目を守り、虫の侵入を防いだという。もっとも、実際にそうした医学的効果があったかどうかはあやしい。

一方、信仰上の理由もあった。古代人は、この縁取りに、魔物を寄せつけない力や悪魔による目の災害を防げる力があると考えた。今でもエジプト人がお守りとしてペンダントなどにつけているホルスの目は、古代人のアイラインに対する考えの流れをくんでいる。

その後、民族が変わり、信仰が変化し、そして四〇〇〇年の時が経過しても、女たちは、まず目に化粧してきた。ただし、イスラム以降の男たちは、この化粧を次第にしなくなっていった。このアイラインの材料は、コール粉と呼ばれていた。『千夜一夜物語』には、このコール粉を引いたつぶらな目の美女がたくさん登場する。コール粉は、アーモンドの殻を燃やすとき出る煤《すす》で作られる。古代エジプト時代でもくじゃく石が高価過ぎて手に入らない者たちは、これを目の縁に塗った。また、リバンという芳香性樹脂から出る煤も、比較的安価で使い易いというので、婦人たちにもてはやされた。それらは、木や象牙、銀製などの針を香水や水で湿らせてから、粉をつけて、まぶたの縁に沿って引いていく。目の上下とも、しっかりと縁取るのだ。こうしてコール粉に縁取られたアラブ女性の瞳は、エキゾチックな魅力にあふれ、この地を訪れる外国人旅行者にはたまらなく刺激的だったようだ。前述したウィリアム・レインは、〝素顔の若い女性を間近で見ることはできなかったけれど、エジプト女性は美人が多い〟、と断言している。ベールから辛うじてのぞく瞳が、あまりにも美しいためだろう。今でも、ベールなどさらりと脱ぎ捨てて、ヨーロッパの流行の服で職場に進出し、街を闊歩する都会の若い女性たちの瞳は、ハッとするほど美しい。コール粉が化粧品に変わっても、形のよい目をパチリとさせると、長くて上向きにカールされた美しいまつ毛が揺れて、魅力がいっそう倍加する。

彼女たちは、その美しい目で、堂々とものを見る。伏し目がちに人を見ることなどはしない。強い光をたたえ、まっすぐに人を見る。あるいは、あだっぽい流し目のような、微妙な視線を送る。ベールの時代、彼女たちはすべてを包み隠しながら、美しい瞳だけを露出させていたのだ。実際、アラブ女性にとって、ベールほど、自分を美しく見せるための効果的な手段はなかったのだ、といえよう。

もっとも、ベールは土地によって、色も形も素材も千差万別である。高貴な人々の間では絹が用いられたし、黒色のウールもあれば、花柄のガーゼもある。砂漠で囲まれた場所で暮らすには、風に舞う砂を防ぎ、酷暑から体全体を守るためになくてはならないものだった。しかし、生活上の便利さだけからベールが着用されてきたわけではない。ベールの目的は、極力、体を包み隠すという点にある。素肌・素顔を他人の前にさらさせないための道具なのだ。

■女は、夫以外に素肌を見せるな

かつて私は、アラブ人家族と、カイロの南方のファイユームというオアシスまで、遠足に出かけたことがある。エンジニアである父親と娘夫婦という組み合わせだった。娘は大学出のエリートで、会社では秘書として、有能ぶりを発揮していた。昼飯が終わったところで、敬虔なムスリム（イスラム教徒）である父親は、娘婿とともに礼拝に行った。父親はもどってくると、娘にもお祈りをするように言った。外国人の目を意識してか、明らかに彼女はいやがっていたが、父親には逆らえない。しぶしぶ立ち上がると、バッグから、日本の尼僧が着けるようなかぶり物を取り出した。それは顔だけが出るようになっていて、あごの下にあたる部分がぬいつけてあり、肩から腕の付け根あたりまでを覆う、ごく簡単なものだった。顔は隠さないけれど、やはり、これもベールの一つといえよう。カイロ大学構内でも、ふだん、この姿で歩いている女性がまれに見られる。

それにしても、キャリア・ウーマンの鏡のごとき女性である彼女が、ベールを引っ張り出したのは、意外だった。ふだんはヨーロッパ・モードを着こなしている彼女を見なれていたので、「なぜ、礼拝のときだけ、ベールを着けるのか」と、私は、その父親に尋ねてみた。父親の説明では、祈りのスタイルは男性を刺激しやすいからだという。

「熱心に祈れば祈るほど、平常は慎ましやかにしか人目に触れない体の部分が、人に見えてしまう。ましてや、神に向かって祈っているのだから、男性を刺激してはいけない。ひたすら包み隠すようにするのは、ムスリムとして当然の務めだ」

と、彼は言っていた。夫以外の男性に素顔を見せてはいけないというのは、イスラムの戒律なのだ。『コーラン』(二四章の三一節)に、次のような一節がある。

また、女子の信者にはこう言え、「目を伏せて隠し所を守り、露出している部分のほかは、わが身の飾りとなるところをあらわしてはならない。顔おおいを胸もとまで垂らせ。自分の夫、親、夫の親、自分の子、夫の子、自分の兄弟、兄弟の子、姉妹の子、身内の女、あるいは自分の右手が所有するもの、あるいは欲望をもたない男の従者、あるいは女の隠し所について知識のない幼児、以上の者を除いて、わが身の飾りとなるところをあらわしてはならない。足を踏み鳴らして隠している飾りを知られてはならない」。

さらにまた、三三章の五九節では次のようにいう。

おお、預言者よ、汝の妻、娘、および信者たちの妻に、「外衣でからだを隠せ」と言え。それこそ彼女たちが知ってもらえる最短の方法であり、苦しめられることもない。神はよく赦したもうお方、慈愛あつきお方である。

この『コーラン』の一節が、ベールの由来だと思われている。

一方、女性は夫以外の男性の視線を極力受けないようにすべきだ、という考え方は、ムハンマドの個人的感情の産物だ、と主張する者もいる。イスラム以前のアラビアでは、とくに女性を男性から遠ざけておく習慣はなかった。それなのに、妻たちに向かって、「預言者の妻たる者が、むやみに人前へ出るな」「からだを包み隠せ」という神の啓示が下ったのは、ムハンマドがとくに嫉妬深かったからだという。ムハンマドは、その死後、一〇人を超える妻たちの中でも最愛の妻であったアーイシャに、「預言者が好きだったのは、女と香料と甘味類でした」とまでいわれているのだ。

ご存知のとおり、イスラム教の戒律で許されている妻の数は四人までだが、預言者自身は例外で、彼は四人よりはるかに多くの妻と、女奴隷たちをかかえていた。もっとも、ムハンマドが妻たちへの嫉妬心のために、ベールの着用を命じたのかどうかは別として、後世のイスラム社会では、非常に厳しく女性にベールを強要し、女性を男性から遠ざけようとした。『コーラン』は神の啓示であり、信徒にとってそこに記された言葉は絶対不変であっても、それを解釈し、実生活上の規則にしていったのはあくまでも人間たちだから、女性隔離の発想は、ムハンマド個人の趣向の問題であるという解釈では説明しきれない。後世の人々は預言者よりも、もっと強い嫉妬心があったし、女を自分の私有物と考える発想は、より強くなっていったのだ。

アラブ人たちが、なぜ女性が人前に自分の美しさを見せることに、これほどまで神経質なのか。それは、夫の嫉妬心だけでは説明できない。これは、アラブ人、アラブ社会が持っている女性観と男性観、あるいは男女交際に対する感覚の問題が大きく作用している。

カイロ、ダマスカス、ベイルートなどといった近代的な都市では、ベールを着けた女性は、ほとんど見られない。エジプトの農村地帯でも、ベールを着けている女性は非常に少ない。しかし、湾岸諸国やサウジアラビア、北アフリカのマグリブ諸国などでは、今でもベールを着けている女性がほとんどである。

ベールを取ることが女性解放の出発点だと考え、運動を始めているアラブの女性解放家も多い。果たして、アラブ女性からベールは取り去られるだろうか。

■アラブ女は、擬似恋愛が好き

女性が閉ざされた世界に住むアラブで、愛や恋が芽ばえるのか、という疑問も起きるだろう。しかし、アラブの男と女の間には、人工的な締め付けや壁の隙間からふともれるような強烈な恋物語が残っている。アラブ世界では、男女がお互いをセックスの対象としてながめ、自分自身も異性からそういう目で見られていると思っている、といわれる。とくに、女が何か伝統的規範外のことをやろうとした場合、社会が、それを性という観点から、また女性隔離という伝統的ルールの意に反しないかという観点からながめ、批判する。

そういう社会の中で、彼女らはその網目をくぐるようにして恋をする。必ずしも実存的な恋だけではなく、文学や詩を手がかりに、疑似恋愛をする。現代アラブの歌にも、恋物語、片思いの歌がたくさんある。〝私はあなたの心を想い〟、〝私はあなたが私のところに来ることを何百回も願い続けている〃というような歌や、〃あなたを想うこの胸の中は張り裂けるようだ〃、といった歌が、さかんに歌われる。そしてそれを暗記して、自分のことのように歌っている若き女性たちが、たくさんいる。

イスラム教が興る以前のジャーヒリーヤ（「無明時代」イスラム以前をこう呼ぶ）時代は、部族闘争に明け暮れた野蛮な時代とされているが、同時に、砂漠の詩人の全盛期でもあった。詩人たちは死者への哀悼を、盗みを、戦いを、そして恋を歌った。この時代、詩人は、部族にとって非常に貴重な存在であった。部族間で戦闘が開始される前には、必ず双方から代表者たる詩人が登場し、敵部族を罵倒し、味方の部族を鼓舞する歌を即興で作ったものだ。こうして作られた詩は、ヒジャ（風刺詩）やマリーフ（賞賛詩）の原形になっていった。

現代にまで伝わるこの時代の詩に、「ムアッラカ詩」と呼ばれる一群がある。アラビア半島の各部族は、年に一回、神聖月の定期市の日に、メッカに集まり、部族代表の詩人を登場させて、詩作競技会を行なっていた。この間だけは、人々は戦いをやめ、剣に代わって、詩が部族の名誉をになった。詩人たちは、このはかない束の間の平和の時期に、恋や青春を歌いあげたのである。競技会で最高の詩に選ばれたものは、メッカのカーバ神殿に捧げられた。「ムアッラカ詩」とは、その捧げられた詩のことであり、いってみれば、ジャーヒリーヤの傑作集といえよう。詩は伝承によって語り継がれ、歌われながら、後世に伝えられた。やがて八世紀初頭、学者たちがこれらを編纂し、『ムアッラカート』としてまとめあげた。その中には、恋を歌いあげたものもめずらしくない。

彼女が私の方にこうべを回らす時
かおりがそよ吹く東風のようにただよって、丁子の芳しさをもたらす
さあ、私に得させよ　と言えば
柳腰で足首さえ肉付きのいい彼女の体が私の上に傾いた
なよやかで色白　スラリとして
胸元は鏡のように滑らかであった

（伴康也訳）

詩人イムルール・カイスは気持ちのおもむくまま、多くの乙女に恋をし、行動することもためらわなかった。右に掲げた詩は、一〇〇行を超す彼の『ムアッラカート』のほんの一部である。彼は、恋するウナイザ姫とその仲間が水浴中に、脱いだ衣装を隠して女性たちを困らせたり、一行が空腹だと見てとると、さっさと自分のラクダを殺して彼女らに御馳走し、それを口実にウナイザ姫の籠に乗り込んでしまう、今の男たちも顔負けのプレイボーイであったという。

詩人にとって、恋はやるせなく、辛いものではなかった。快楽も隠すものではなく、堂々と歌われた。『ムアッラカート』の中には肉欲的なものが多数あり、女性の肌の滑らかさや、指に伝わる乳房の感触などを歌うことをはばからなかった。性がおおらかに扱われた。また、詩人たちに歌われたからといって、女性が極度に傷つくこともなく、恋がセックスと結びつくのも、ごく自然であった。「無明時代」と呼ばれてはいても、ジャーヒリーヤ時代の男と女はゲームのように恋を楽しみ、自由な感情の発露を許されていた。

■アラブでは、恋愛することさえむずかしい

砂漠の民は、情熱の民である。性をおおらかに歌う詩人とともに、プラトニック・ラブの観念がジャーヒリーヤ時代から生まれつつあったことは、アラブ人が名誉との関係で、女たちの貞節や娘の純潔に神経質だったことに由来している。歴史上類を見ないイスラムの大発展も一段落し、王朝が成立すると、女性に対する制約が強まりはじめた。女性に貞節を強要する風習が強まり、その一方、都市では、商業の繁栄を背景に、人間生活に享楽的風潮が広まっていった。それにつれて、詩のパターンも変わっていった。イスラムの領土拡大とともに、アラブには富と各地の文物がもたらされ、活気あふれる都市生活とともに、音楽が急速に発展した。ウードなどの楽器に乗せて歌うために、詩行が短く、律動が

軽やかで、歌いやすい詩が広められるようになった。ウマイヤ朝の詩人は、砂漠の牧歌を、音楽にあてはめた詩形、つまり恋愛詩に変えていった。

その代表的詩人オマルはムハンマドと同族のクライシュ族の出であり、メッカの知事まで務めたが、その才能をほしいままにして、巡礼にやって来た美しい女性たちの名まえを聞きだしては、熱烈な歌と恋文を送り届けたという。自由と享楽の雰囲気を謳歌した彼の詩には、こんなものがある。

　愛を背負った男は疲れている
　　歓びが刺激しているからだ
　心底から泣いているたわむれなどありはしない
　一つがかたついても　また
　　もう一つの苦しみが貴方の許から帰ってくる
　何もかも忘れ貴方は笑う
　　恋する男が泣いているというのに
　貴方は　僕の病に驚いている
　　僕が元気だったら　驚くべきなのに

（『アラブ文学史』、関根謙司著）

『千夜一夜物語』などにしばしば実名で登場するアブー・ヌワースのころ、恋愛詩は最高潮に達する。このときは、千夜一夜の中心となったカリフ、ハールーン・アル＝ラシードの時代であった。詩人の中には、切ない愛や酒を賛美しながらも、その甘美さの中におぼれきることのできない苦しみとか、享楽的な愛に身を置きつつもどこか冷めている、熱烈な恋を歌いながらも、瞬時の快楽のあとに覚える虚しさを抑えきれない、といった都会の遊戯的愛に生きた人の宿命を歌うものが多くなっていった。

これに対して、恋愛詩の中には、そうした都市型享楽詩的傾向の流れとは別に、砂漠にあって、清純な恋を歌う詩人たちの流れもあった。彼らは、〝ウズリユーン〟と呼ばれた。これは、この派の代表で恋人に一生を捧げたジャミールが、バヌー・ウズラと呼ばれる氏族に属していたことからつけられた名前といわれる。ウズラ族は、勇猛果敢で戦いを好むアラブの中では、もっとも心優しい部族といわれている。彼らは、あまりに繊細なので、恋が成就しないと苦しみのあまり死んでしまうほどだった。彼らは戦いの勇士を生むかわりに、優れた恋愛詩人を生んだ。

たとえば、ジャミールは、奔放な恋をし、美姫に詩を捧げていたメッカのオマルと同時代の詩人だが、ブサイナという女性とのプラトニックな恋に一生を捧げている。ウズリユーン派の詩人たちは一人の女性を想いつめ、純粋な愛を捧げたために、カップルで呼ばれることが多い。このジャミールとブサイナのほかにも、カイス・イブン・ザリーフは恋人ルブナーを愛したので、「カイス・ルブナー」と呼ばれている。これらの中で、もっとも有名なカップルがライラとカイスの二人であり、「マジュヌーン・ライラ」という、二人の悲恋物語は全イスラム世界に広がった。

ナジュド砂漠のベドウィンの娘ライラとウズリユーンの詩人カイスは、幼い頃から結婚の約束をし、静かに愛を育んできた。ところが、ライラの父親は二人の間を引き裂いて、彼女を他の男と結婚させてしまう。ライラへの恋に苦しみ、悲嘆に暮れたカイスは、想いを詩に託す。苦しみのあまり、砂漠をさまようカイスを、人々はライラの気狂い男、「マジュヌーン・ライラ」と呼んだ。このような八世紀初頭の悲恋物語は、「ラーフィ」という職業的伝承者が語り継ぐことで、後世に残された。「マジュヌーン・ライラ」は今でも、アラブの中ではもっとも馴染み深い伝説であり、二〇世紀になっても、たくさんの詩人や文学者がこの古い物語をテーマに作品を書いている。

この物語の後半では、カイスがおのれの恋におぼれ、盲目になってしまい、狂気の中で葛藤しているのに対して、ライラは名誉を重んじる妻として、夫への貞節とカイスへの愛の相克のために苦悶の日々を送る。そしてアラブ人たちは、この永遠に結ばれなかった二人の恋物語に涙を流して、耳をそばだてる。二人の姿は砂漠の恋の極限だった。狂おしいばかりに相手を慕うカイス、「ハフィラート」（名誉にあたいする婦人）として、どんなに苦しくとも道を誤らなかったライラ、この一組の男女は、アラブ人に限りない共感を与えた。アラブの男にとって、恋とは激しく直線的なものであるが、女にとってはあまりにもさまざまな要素を含み、そして耐えることのみが恋の結末であるというその姿が、今のアラブの女たちの中にも延々と受け継がれているのだ。

アラブの恋愛には、このような二つの典型がある。一つは、強烈なプラトニック・ラブであり、これは砂漠の中に生きる男たちの果てしない夢であった。恋愛を成就させることは、砂漠の中で動物を相手に限られた生活をしているベドウィンたちにとっては、非常にむずかしいことであった。恋愛結婚はいろいろな条件や制約のため、なかなか容易ではない。このような中で生まれてくる恋愛は、プラトニック・ラブへ追いつめられてゆく。

しかし、その一方では、都市型または農村型の恋愛、つまり、肉欲的な、性を伴う恋愛がもてはやされた。そこでは、女性は情欲に動かされやすいと考えられ、美しい言葉を手段に女性を捕えるのが、一つの風潮になっていた。『千夜一夜物語』でも、カイロの時代に作られた物語の中には、こうした遊戯的享楽を対象とした恋愛が多い。

実際、アラブの恋愛において、女性が積極的に男を求めることは、現実にも、また物語の中でも、非常に少ない。男が美しい女を求めるというパターンを、非常に重要視している。人前では、慎ましやかに、目配せ程度の合図で恋が進行するのに、二人だけになったときには、あらゆる抑制を捨てて愛し合うべきだというのが基本的な原理であるようだ。だから、性に対する表現も、プライベートな部分では非常におおらかであり、露骨とさえいえる。こうした愛の表現には、率直なものだけでなく、愛する女性に冷淡なふりをし、相手に気をもたせる、といったテクニックの部分も多分にある。

愛情を勝ちとるために、たくさんの贈り物をしたり、自分の愛を他人に言《こと》づけたり、恋文を書いたり、いろいろな手を使って、恋する女を得ていたようだ。

アラブの男の間では、女を手に入れるための恋愛、享楽的なゲームとしての恋愛、というものが長いこと行なわれていた。現在、カイロやダマスカスのような大都会では、すでに若い男女が本当の恋愛を成就している例もあるが、大半のアラブ諸国では、砂漠の民であろうと農民であろうと、相変わらず男女の隔離は厳しく、自由な恋愛は許されていない。大都市では、自由な恋愛が芽ばえないように、親同士が結婚の相手を決めて、第一回目の契約書を早日に取りかわしてしまうような所もある。

徐々に変化しつつあるものの、まだ、アラブ世界での恋愛は芽ばえがたく、物語や歌が、抑圧された人々の心を慰めている。

第3章　アラブ式の別れ方

■一夫多妻は、未亡人救済策

イスラム教徒といえば、複数婚を思い起こし、ハリーム（いわゆるハーレム）という言葉とともに、エロティックなイメージを想い浮かべる人が多い。アラブ人のほうは、外国人から、「四人も奥さんを持ってるんですってねえ」とか、「何人の奥さんと結婚しているのですか」と聞かれるたびに、うんざりするという。そこで、アラブは、「誤解しないでください。アッラーは、何人もの妻を持て、と勧めているわけではないのです。やむを得ない場合には、四人まで妻をめとってもよい、と言っているだけなんです」と説明する。

『コーラン』（四章の三節）はいう。

もしおまえたちが孤児を公正にあつかいかねることを心配するなら、気に入った女を二人なり三人なり、あるいは四人なり、娶《めと》れ。もし妻を公平にあつかいかねることを心配するなら、一人だけを、あるいは自分の右手が所有するものを娶っておけ。いずれにも偏しないためには、これがもっともふさわしい。

この一節が、妻たちを公平に扱えるならば、という条件つきで一夫多妻を許したアッラーの啓示である。

ただし、四人までに制限されている妻とは自由人の女性であって、女奴隷（右手が所有するもの）の数は制限されていない。主人は、自分の女奴隷と正式に結婚することはできなかったが、妾として家に住まわせることは許された。この『コーラン』の一節は、イスラムの栄光を意識する者たちによって、二通りの解釈がなされてきた。一つは、それまで無制限に許されていた多妻を制限した規定であるという説であり、いま一つは、これは戦いの結果、増えてしまった未亡人を救済するための対策なのだという説である。

ジャーヒリーヤ時代では女性の地位が低く、男は、財産さえあれば、何人でも妻を迎えることができた。それればかりか、時として、女性は売買の対象にすらなり、財産として父から息子へと相続された。そんな惨めな状況から女性を救うための啓示であった、とイスラム教徒は主張してきた。これに関して、『コーラン』(四章の二二節)は次のようにいう。

過ぎたことは別として、自分の父が結婚した女を妻にしてはならない。これこそ恥ずべき、憎むべきこと、じつに悪い習わしである。

一方、複数婚が一種の未亡人救済策であったというのは、次のような歴史的事実に由来する。砂漠の民が部族間の襲撃(ガズワ)に明け暮れていたジャーヒリーヤの時代は、男が戦いで死ぬ確率が高いために起こる女性人口の相対的過剰が、常に社会問題となっていた。さらに、ムハンマドがイスラム教を唱え、教団を組織し、革新運動を推し進めるにつれて、多くのイスラム教徒の男たちが戦争で死んでいった。教団内部では、この女性人口の相対的過剰がいっそう顕著になった。そこで、運動の犠牲者である男たちが残した未亡人や孤児たちを、今後どうするかという問題が起こってきた。この妻の数を規定した四章の三節は、イスラム教団軍がメッカの保守勢力に大敗を喫した「ウフドの戦い」直後の啓示である。

この戦いでは、七五人のイスラム軍兵士が殺され、未亡人と孤児が残された。当時の人口は明らかではないが、この戦いに参加したイスラム軍兵士は七〇〇人と伝えられている。その一割以上の人間が死んだのだから、問題は深刻だった。残された未亡人や孤児のため、救済策を採らねばならなかった。ムハンマド自身、正確に名前がわかっているだけでも一〇人以上の女性と結婚しているが、そのうち、六歳で彼と結婚したアーイシャを除けば、みな寡婦である。それはおそらく、預言者みずからが啓示に従い、孤児の権利を擁護し、未亡人を養おうとして、多数の妻をめとったのであろう。当然、弟子であり、教友である男たちも啓示に従ったと考えられる。この啓示は、過剰な女性人口、戦いで夫を失った寡婦や孤児の救済、あるいは、ムハンマドが禁止した女児殺しに関する実際的、具体的解決策として、それなりに有効だったはずだ。

しかしウマイヤ朝、アッバース朝と時代が移り、このような問題が解消したのちも、一夫多妻の習慣は引き継がれた。『コーラン』の一節とムハンマドの行動は、後世のイスラム教徒たちの規範となり、罪の意識もなく、複数の妻と結婚する根拠となっていった。『コーラン』の戒律には、他の宗教同様、ある状況に対する臨時的な処置にすぎないものも多いのに、後になって、この処置が普遍的価値を持つ規則となってしまったのであろう。

■一夫多妻は、必要悪

それでは、現在のアラブ人たちは、この一夫多妻についてどう考えているのだろうか。彼らは、〝イスラム教徒といえば、すぐに四人妻を連想するのは、歴史上、なにかにつけてイスラム教徒を不道徳だと非難してきた西欧キリスト教社会の偏見と悪意に毒されているからだ〟、と反論する。確かに一夫多妻という制度は、歴史的、地理的にみて、それほど珍しいものではない。アラブ人のインテリは、「今は、皆、一人の奥さんしか持ちません」と言いたがる。しかし、実際には一夫多妻が、完全に廃止されたわけではない。一人の男が一人の妻で満足しているのは、複数の妻をめとるのは悪いことだ、という心情によるのではなく、ただ経済的事情によるのだ、と断言するアラブ人も多い。

実際、法的にいっても、一夫多妻を禁止している国は少ない。アラブ有数の近代国家エジプトですら、一夫一婦制の法案は、イスラム神学の中心であるアズハル大学の学生が、『コーラン』に反するとしてデモを行なったために、持ち越されたままになっている。一夫多妻を正しいと考える人々は、「四人までの妻は神が許したのだ」という信仰を根拠にしている。したがって、彼らに、ヨーロッパ流の道徳観を押しつけても、拒否してしまうであろう。キリスト教の道徳観では、一夫一婦制以外は何がなんでも許しがたい。けれど、アラブ人のほうには、確かに一夫多妻は悪いことには違いないが、ある種の必要悪なのだ、しかたがないという観念がある。つまり、一夫一婦を強制すれば、妾や売春婦など、もっとひどい不道徳がはびこるというのだ。この点は、今なお、複数婚の制度擁護の理論的根拠になっている。M・A・クルバアリ著『イスラムの女性』(「イスラム入門シリーズ」第十巻、イスラミック・センター・ジャパン訳)は、次のようにいう。

性本能の現われは、男性と女性で大きく異なる。男性の性機能は一夫一婦制を上回る。事情によっては、一夫一婦制が最高の形態である場合もあるが、それが男性の能力を制限する以上、制度が絶対視され法になるとき、それがあだとなってより悪い状況を生む。一夫一婦制を標榜しても、実際には、隠れた一夫多妻という国はいくらでもあるではないか。法で複数の妻を禁止したとしても、売春婦や妾は世界中に蔓延し、私生児を生み、女権を低下させる現実の方がより悪である。ましてイスラムの一夫多妻制というのは、限定された多妻制なのだ。人数は四人までと限られ、全ての妻を、物質面は勿論《もちろん》のこと、愛情などの感情面でも、あらゆる点で公平に扱うことは絶対条件とされている。妻が不妊だったり病身だからといって、夫が自分の子供を持つのを諦めたり、病気の妻の看病に徹し、家事に専心しなければならないのではあまりに酷である。だからといって、離婚するのは非人道的だ。こうした問題は、一夫一婦制が絶対視される社会では、隠れた交際を生む夜の女を増やすことになり、二人めの妻との結婚さえ許されれば、問題は全て解決すると思われる。また、家事は重労働にもかかわらず、主婦に休日は許されない。二人以上の妻が共同で家事と育児を担い、夫の世話をする方が場合によってはずっと楽である。

この意見が、現代でも多妻禁止に反対する保守的人々の代表的なものである。安全弁として、悪いとは知りつつ複数婚を許すという考え方を、単なる言い訳と感じる人も多いだろう。しかし、裏返せば、それは非常に実際的な考え方であり、この点がイスラムの特徴的な発想の原点である。イスラム教は、生活の細部にわたって実際的な生き方を教えている。『コーラン』とともに、預言者の言行録『ハディース』には、信者の生活の規範となるべき預言者の生活とか、その家庭生活や妻たちのもめごとから奴隷との浮気にいたるまで書かれている。それらを通して、あらゆる問題に現実的解釈を与えるのがイスラムである。そこでは理想にかたよりすぎること、極端も、また悪なのだ。理想を追いすぎるあまり、現実を忘れることをもいましめている。安全弁を設けて、個人と社会のバランスを取ろうとする現実主義の現われである。

しかし、『コーラン』の前述の四章の三節をみれば、ムハンマドの真意は、一夫一婦制にあったと考えるほうが正しいだろう。ただし、こうした社会生活と個人の葛藤を静める安全弁の役割を果たすべき機能も、預言者が言うとおり、妻たちを公平に扱えないならばなんの意味もない。そして、複数の妻を、物質・精神の両面で、公平に扱うことがいかに至難の業であるかは言うまでもない。実際のところ、われわれは、たった一人の妻さえ扱いかねているではないか。それはアラブ人でも同じである。アラブには、こんなジョークがある。(『アラブジョーク集』、牟田口義郎編著、塙治夫訳)

『囚人が尋ねた。

「せっかく脱獄したというのに、どうして自首して舞い戻って来たんだね」

もう一人の囚人が答えた。

「実は、俺、脱獄してから結婚したんだ」』

もう一つの男同士の対話。

『「おい、聞いたかね。俺たちの友人イブラヒムの魂が永遠の休息を見つけたことを」

「気の毒に、彼の葬式はいつだい」

「彼の葬式?　死んだのはあいつじゃなくてあいつの女房さ」』

一夫多妻を許されているアラブ人たちも、決して、一夫一婦制をとるわれわれと、女に対する感情は違わない。彼らは、よくこんな冗談をいう。「妻を何人も持つことの最大の魅力は、なんといっても、うるさい妻どもから逃れられることさ。一番目の妻には二番目の妻のところにいると思わせ、二番目の妻には三番目の妻のところにいると思わせ、結局は、連中からすっかり解放されるのさ」。

■妻が、夫に、「第二の妻」を強要する習慣

アラブの中でも、エジプトのような近代国家のエリートたちは、〝何人も妻がいるほど恥ずかしいことはない〟、と外国人に宣言する。女性たちも、

「アラブには、四人も妻を持つ夫がいるそうだね」

とでも、こちらが言おうものなら、

「わが国への認識がなさすぎる」と抗議する。

「いまどき、二人も三人もの女性と結婚している男などいません」

と断言され、付きあっているエジプト人を見まわした外国人は、

「なるほど、エジプトでは複数婚などなくなった」と判断する。

ところが、現実には、二人の妻を持つ夫や、夫が若い二人目の妻をめとったために悩んでいる女性は、その外国人のすぐそばにもいるはずなのだ。お手伝い、あるいは、道端に座っている物売り、タクシーの運転手、大工、ピラミッドの横のラクダ引きなど、彼らは非常に貧しいにもかかわらず、一夫多妻を実行している人たちである。

教育を受け、ヨーロッパ化された人々は、はっきり、〝多妻は悪だ〟、あるいは、〝多妻は悪だと考えなければならない〟、と思っている。ある程度の教育を受け、自覚を持った女性たちは、今日では、夫が自分以外の女性と結婚するのを拒否する術を知っている。しかし、こうしたヨーロッパ式の考え方が入ってくる以前から、上流・中流社会の人々にとっては、一人の妻と一人の夫という形がもっとも一般的であったことを、われわれは忘れてはならない。

貧乏人ならば、何人かの妻を抱えて、慎ましやかに、なんとか生活できる。夫の稼ぎで妻を養えなくとも、妻が働いて生計をたてていくこともできるのだ。ところが中流以上の人々になると、マハル（結婚金）や、披露宴をはじめ、妻の扶養に伴う出費は多額なものとなり、さらに二人、三人と平等に扱うとなると、経済的負担が非常に大きくなってしまう。道徳観とかかわりなく、妻たち自身が、自分以外の妻の存在を嫌うのも当然である。他の妻たちに嫉妬しないわけがない。

ただ、複数婚がごくあたり前であった地域とか、時代とか、外の世界からの情報がごく限られた社会で暮らす女性たちにとっては、その苦しみも感情も、私たちが想像するより、ずっと軽い場合もあったことは否めない。

たとえば、W・B・シーブルックというアメリカ人は、その著書『アラビア遊牧民』

（一九六八）で、〝二人目の妻を迎えよ〟と夫に主張する若い妻の話を伝えている。

シーブルックは、アンマン付近の砂漠に勢力を誇っていたベドウィンのサークル族とともに、数ヵ月間生活した。その滞在中に、彼は、たまたま、部族長・シェイク（長老）のもとで開かれた「砂漠の法廷」を見物する機会を得た。法廷は、シェイクの、甥と姪にあたる一組の夫婦の家庭争議の解決のために開かれた。妻が〝第二の妻を迎えねばならぬ〟と主張したのに対し、夫がこの主張を拒絶したために、二人の間で激しい論争が繰り返された挙句、離婚沙汰にまで発展してしまったという。

法廷は大テントで開かれ、シェイクは肘付きの長椅子にいかめしくあぐらをかき、一方、事の成り行きを見守る男たちは、大きな、何重もの半円形をかいて、これもあぐらをかいて座っていた。真ん中の砂地の上にどっかりと腰を下ろしているのが問題の夫で、弱冠二〇歳の若者ながらすでに屈強の五〇人の兵士の長であり、族中の有力者の一人であった。一方、妻のほうは、男たちより遅れてテントに登場する。真紅のバクダッド絹のマントを羽織り、金銀細工の装身具が美しい。ベールなどは着けていない。キリッとして美しい女性だった。彼女は、その殺風景な男部屋とはおよそ不釣り合いな美しい色彩の絨毯やクッション、それにピンクの絹の掛け布で用意されたテント中央の自分の席に座った。

シェイクの片腕である男が、ラクダのムチで三回ほど砂の上をたたくと、いよいよ裁判がはじまる。

「先に発言するか」

と、問われた夫は、

「自分にはなんの不平もないから後でよい」

と、答える。

一方、妻のほうは堂々と弁じ始める。彼女は、夫は第二の妻を迎えなければならない、と主張する。その理由は三つあった。

第一は、子供の問題だ。彼女にはすでに一子があるが、ベドウィンたるもの、より多くの男子をもうけなければならないのはいうまでもない。それこそ、一〇人でも二〇人でもよい。

ところが、出産に伴う女性の苦労は並大抵ではない。出産ごとに美貌は衰え、日々の労働は増え、苦役は激しくなるばかり。自分としては二人三人の子供を産むことが理想なのだが、ベドウィンである以上、夫はより多くの子供を持つべきだから、他の妻を迎え、もっと子供を産ませたらよい、と言う。

第二には、彼女は話し相手となる友人が欲しい。生活がハリームに限られ、外部の人々との交際もままならないのだから、ハリームの中に自分と対等に付き合える相手が欲しい、というのだ。

第三には、夫ほど地位のある者のテントに、妻が一人しかいないのは威厳を損なうし、一切の家事が一人の妻の上にのしかかっている状態は、妻にとっても夫にとっても不自然だと言う。

結局、シェイクから夫と妻の両方に注意が与えられた。シェイクは、こう言う。「夫たる者、須《すべか》らく、多くの子を持て。これがアッラーの思し召しである。いやしくも、首長たる者が一人の妻に終始苦役を強いるのはよくない。だからといって、妻がたえず不平を夫に浴びせては、夫がこれ以上の妻を迎えようという気になるだろうか」。

そして、判決は、「ラマダーン（断食月）の終わりに、第二の妻を迎えよ」、ということであった。ラクダのムチが三回鳴らされて、閉廷となった。

■多妻がなければ、女は惨め

この妻の主張を聴くかぎりでは、一夫多妻という結婚のあり方は、想像したほど妻たちを苦しめていないばかりか、とにかく多くの子供を出産しなければならない女性たちの生活を守る面も持っていることに驚かされる。この裁判記録は五〇年も昔のことだが、現在でも、男が複数の妻と結婚することを当然だと考え、そのことで心を痛めることなく暮らしている女性がいないわけではない。辺境の砂漠や農村地帯において、第一の妻と若い第二の妻が仲良くやっているといった類の報告もある。

また、周知のとおり、オイル・ダラーで脚光を浴びているアラビア半島南部の国々の国王、シェイク、貴族たちは、そのハリームに何人もの妻を持ち、それを公言してはばからなかった人もいる。アラブ首長国連邦の一国、ラカイマのサクル王は三人の王妃を持ち、それぞれの王妃が王宮に自分の館を持って暮らしているという。アブダビのザイード王には四人の王妃が、ウンム・アル＝カイワインのラシッド皇太子には二人の妻がいたという具合だ。

ただし、たとえ辺境の地とはいえ、こうした上流の人々の間では、多妻の習慣は急速になくなりつつある。たしかに、これらの国々の元国王は財力もあり、何人もの妻をめとって、彼女たちにハリームで贅沢な暮らしをさせていた。しかし、その子供たちとなると、ヨーロッパ流の教育を受け、中には海外へ留学までして、一夫多妻は恥ずべき行為だという考えをもって帰ってくる者もいる。女性たちも、教育を受け、男性に混じって働く機会が増えるにしたがって、はっきりと多妻禁止の意志を持ちはじめた。各地に婦人協会が作られ、その声は女らしく弱々しいものながら、何はともあれ、女性自身が主張を始めた。彼女たちは、〝私の国の王は、一人しか王妃を持っていないのよ〟、と自慢するほどになってしまう。アラブ全体から、今の多妻の習慣は急速になくなりつつあるといっていいだろう。

しかし、こうした社会の動きによって、多妻があたりまえでなくなった分だけ、惨めな思いをしている女性もいる、という報告もある。近代国家であるはずのエジプトの下層階級の女性たちが、その一例である。貧しい夫が何人もの妻や子供を扶養できるわけもなく、生計は彼女たちの肩にかかっている。妻が夫を食べさせていることさえある。しかし、その生活がどんなに惨めであっても、彼女たちは結婚できただけでも幸せだと考えている。エジプトの低所得者は、結婚難なのだ。だから、本来、夫から妻へ支払われるマハルももらわず、自分の金を持ち出して結婚する女性すらいるという。一度結婚してしまったら、もう貧しい実家に帰るわけにもいかない。そこに、彼女の居場所は残っていないからだ。狭い場所に、家族十数人が過ごしていた実家に、家を出た者がもどれるわけがないのだ。したがって、ごく貧しい女性たちは、たとえ毎日泣き暮らさなければならないような目にあっても、離婚するわけにはいかない。

アラブは残念ながら、まだ女性が一人で生きていけるような社会ではない。しかし、この一夫多妻制の衰退と、アラブの近代化は同じ歩調をもっているといって間違いないだろう。アラブの近代化にとって、女性解放は、その第一歩なのだ。

■男は一方的に離婚できる

「アンティ・アライヤ・カ・ザハル・ル・ウンミ」。昔、妻を離婚しようとする夫は、こんな言葉を妻に投げかけた。これは、男たちが妻に対して愛情がなくなってしまった場合、もっとも礼儀にかなった言い方だという。その本来の意味は、「私には、あなたの背中が、私の母の背中のように思われる」というものだ。ベドウィンの間では、どういう訳か、背中はもっとも大切なものとして性を意味する。だから、夫が妻に向かって、「あなたの背中が、母の背中のように思われる」というのは、つまり性的に妻ではなくて、もう母親のようだ、性の相手である妻とは考えられない、ということなのだ。

「母の背中」という言葉は、今でこそ死語になりつつあるが、ジャーヒリーヤの時代やイスラム発生の当時は頻繁に使われたという。このことは、他面では、この時代の母系社会の存在を暗示しているとも考えられる。妻よりも、母の地位のほうが上位にある社会では、この表現には、別れる女を傷つけまいという男の想いやりが感じられる。『コーラン』(二章の二二九節)は、離婚に関して次のようにいう。

離婚は二度まで。そのうえはいたわってとどめおくか、好意をもって自由の身にしてやるかである。彼女たちに与えたものを一つとしてとりあげることは許されない。ただし、両者とも神の掟を守れそうもないと心配する場合は別である。

「離婚は二度まで」というのは、相手が同じ女の場合のことで、二度までは復縁できるが、三度めの離婚をしたら、その女と復縁はできない、という意味である。さらに、『コーラン』(四章の二〇、二一節)には次のようにも記されている。

もしおまえたちが妻をとりかえたいと思い、女に千金を与えたとしても、そこからいささかなりともとりもどしてはならない。中傷して、明白な罪を鳴らしてでも、おまえたちはそれをとりもどそうと言うのか。

おまえたちは、たがいにまじわりあった仲で、しかも彼女たちがおまえたちからしっかりした手形をとっている以上、どうしてそれをとりもどせようか。

以前、アラブ人の富豪との離婚に際して、膨大な慰謝料を要求したイギリス女性の話が新聞をにぎわしていた。そのアラブ人には、結婚のとき、すでに離婚金が決めてあるにもかかわらず、慰謝料を請求されることが理解できなかったのだろう。男は、イスラム法にのっとって、離婚手続きはできていると主張して譲らない。アラブでは、男から一方的に離婚ができる。そのへんのところを、イスラム宗教法である「シャリーア」からみると、次のようになる。

イスラムでは、夫婦の一方が死亡するか、またはイスラムへの背信があった場合、四つの方法をもって離婚、すなわち婚姻を解消できる。もっとも一般的である第一の方法は、「タラーク」という、夫の一方的宣言による離婚である。ジャーヒリーヤの時代には、男の一時的感情で行使されるこのタラークがあまりにも頻繁に行なわれたので、女たちが預言者に不平を述べた。そのため、先に引用した『コーラン』の〝二度しかタラーク宣言ができない〟という規定が生まれたのだという。そのうえ『コーラン』(二章の二三〇節)には、ちゃんとタラーク後の復縁の項まである。

そこでもし正式に離婚してしまったからには、女がほかの男と結婚するまで復縁は許されない。もしこの男が彼女と離婚した場合、両者が神の掟を守れると考えるならば、たがいのもとに帰って結婚しなおすことは罪ではない。これが神の掟。それを分別のある人間に説き明かしておられるのだ。

つまり、ある男が一時の感情で離婚を宣言する。ところが、しばらくしてまた、やはりあの女がよかったということで復縁をする。しかし、また、一時の感情で離婚する。この二回の離婚は、離婚というよりも、むしろ別居とか、冷却期間というような感じで受けとめられる。ただし、三回目の離婚宣言タラークの後は、もう二度とふたたび復縁はできない、という決まりなのだ。けれど、それでも復縁したいなら、妻が他の男と一度結婚し、離縁をしてから再婚をせよ、といっている。安直に離婚宣言などしてはならない、と預言者は教えているわけだ。

ところが、預言者の諫《いさ》めにもかかわらず、長い歴史の中で、離婚を後悔する者の例は、たびたびあるものだ。

中には、離婚した妻を、友人や自由民にしてやった奴隷と仮に結婚させ、すぐ離婚させてから、再婚するということまで行なわれたようだ。悪い男がいて、夫と約束した離婚をせずに、金品を脅しとった、という記録もある。

タラークという離婚の方法は、もっともポピュラーだが、妻の意思がまったく無視されて一方的に成立するので、大問題となっている。

■さまざまなアラブ式の別れ方

そのほかに、「フルー」という離婚の形式がある。これは古代のアラビアで行なわれていたもので、妻の親族が一種の身代金を支払って、女性を買いもどす離婚方法である。この身代金は、婚姻のときに夫が払った結婚金の金額に相当する。妻の待遇の悪さを親族がみかねて、という場合もあるが、妻が夫から逃れる、または他の男と結婚しないというときに、使われる手として有名だ。預言者が、一方的にいつも女が男にもてあそばれないように作った法律といえよう。

さらに、三番目の方法として「ファスフ」というのがある。このファスフは裁判官の判決によって婚姻を解消するもので、幼い頃に、親族に結婚させられてしまった者が、成人後、自分の意志に反するとして申し立てるケースが多い。妻から裁判所に訴えることも可能だ。夫が病弱で婚姻生活に耐えられない、扶養の義務を怠る、あるいは、夫の失踪などの場合に、離婚申し立ての権利が認められている。

また、夫は、妻の中に結婚の時の契約事項と違うことを発見した場合、たとえば処女でなかったとか、出身を偽っていたとか、という場合にも離婚ができる。もちろん、裁判官は両者の言い分をよく聞いて、訴えの内容が正しいと判断したときに離婚を認める。

姦通が原因の離婚訴訟については、前述したように、『コーラン』（二四章の六〜九節）は、次のようにいう。

自分の妻を中傷しながら、自分のほかにいかなる証人もいない者は、これらの者が証言する場合、神に誓って自分のことばが真実であることを四度証言する。

そして五度目には、もし嘘をついているなら神の呪いが自分にふりかかるように、と誓う。

こういう女から懲罰が除かれる条件は、彼女が神に誓って男が嘘をついていることを四度証言し、

五度目には、もし彼のことばが真実であるなら神のお怒りが自分にふりかかるように、と誓うことである。

この方法を「リヤーン」というが、これはあくまでも個人の良心を根本としており、この方法での離婚は非常にむずかしい。また、リヤーンで婚姻を解消した場合には、二度と復縁することができないし、また、これが偽りだった場合は、相手を誹謗《ひぼう》したかどで、むち打ちの刑に処せられる。さらにまた、夫婦が話し合って離婚を決める「ムバーラー」と

いう方法もあるが、現在ではあまり行なわれていないようだ。

離婚に関する話は絶えないが、やはり、女性のほうからそれを望んでも実現できない場合が多く、女性解放運動の大きな問題になっている。たとえば、夫のひどい暴力に耐え切れずに逃れても、夫は警察を使ってまで妻を取りかえす権利をもっているのが現状だ。また、夫の母親が原因のトラブルもよく起こる。嫁は夫の家族と同居する例が大部分だが、日本でいう姑が非常に大きな権力を持っているために、嫁は苦しい思いをさせられる。姑にいじめられて、泣いている嫁の話は多い。母親の権限は絶対なので、夫も、妻をかばって母親に逆らうことはできない。妻にとって、さらに悪いことに、このような理由による離婚は認められないということだ。

アラブの家庭内における母親の強さは、絶対的だ。たとえ息子が四〇歳になっても、母親は容赦なく自分の意見を通す。日本的な感覚では、妻や子がある大の男を母親がしかりつけるのはまれなケースだが、アラブでは一般的なようだ。ベドウィンの部落では、言いつけた用事を果たさなかったからと、老母が長い鞭をもって、中年の息子をたたいている光景すら目にする。反対に、息子が母親に逆らっている図は、ほとんど考えられない。

上エジプトの発掘調査中に訪れたガードのフセインの家でも、母親は堂々としていた。頭からすっぽり黒い衣をかぶっていたが、われわれの前に出て挨拶し、よそ者に見せることなど考えられない家の内部を案内してくれたのも、彼女の判断だ。物珍しさから戸外で大さわぎしている近所の子供たちを追い払い、茶菓子の用意をフセインの妻にきびきび命じ、「食事はどうするか」、と先頭に立って聞いていた彼女の姿が、今でも思い出される。
また、別の家をたずねたときは、まず第一に、老いて寝たきりの母親の部屋に通された。その家の主は、まず老母に帰宅の挨拶をして、私を紹介した。その男の何人かの妻たちは、目も耳も駄目になった姑に気をつかって、上目づかいに彼女を見ていたのを覚えている。

アラブの家庭では、母親は非常に重大な存在であって、一番年上の女として家を守り、とりしきっている例が多い。子供はもちろん母親を尊敬しており、たとえ間違った命令でも、「ハイ」と答える。母親を粗末に扱うような人間は社会から誹謗され、また自分が年老いたときに子供に尊敬されるためには、母親を尊敬しろという、一種の暗黙の了解があるようだ。もちろん、日常の生活の中で、食事とか、入浴などの順番は男のほうに優先権がある。しかし、母親が子供を産み、子供はすべて母親の系列下にあるという認識が、父親という観念的な権威、権力とは別の実際的な権威を形成している。すなわち、形式的な父親の権力は、食事とか入浴とかの対人関係での意味であって、実際に子供たちが敬い、いうことを聞くのは母親なのだ。

しかし、母親が大きな権力を持っている一方では、タラークの離婚の方法によって泣いている女性の例も数々ある。

アラブでは初婚と再婚では非常に価値観が違い、子供がいると、再婚はさらにむずかしい。かといって、大都市ですら、女性が一人で生計を立てる術は、ほとんどない。出もどりとなるにしても、肩身は狭く、ある意味では、家名を汚したとして家族の風当たりが強い。

そのため、離婚が一回目、二回目であれば、父親などが夫の所に復縁の交渉にゆくようなこともよくあるらしい。

■しかし、女は男なしでは生きてゆけない

再婚についても、はっきりした取り決めがある。妻が懐妊しているかどうかを確かめるまで、つまり、離婚後四ヵ月と一〇日の間は、再婚できないことになっているのだ。そのことを「イッダ」（待婚期間）と称している。これもやはり、『コーラン』（二章の二二八節）に明記されている。

離婚された女はそのまま三回月経を見るのを待つべきである。そして、もし彼女たちが神と終末の日と信ずるならば、その胎内に神が造りたもうたものを隠しだてする

ことは許されない。夫たちがよりをもどしたければ、その時期に彼女たちをもとにもどしてやるほうが正当である。男たちのほうが女たちより一段上ではあるが、女たちは自分がしなければならないのと同じだけ、自分もよくしてもらうべきである。神は限りない権能をもち、聡明であらせられる。

もし懐妊していれば、もとの夫は、怒りを沈め、また気にくわないところも多少我慢して、ふたたび彼女をもとのさやに収めてやるのが正しい、と述べているのだ。

また、『コーラン』（二章の二三二節）には次のような記述もある。

おまえたちが妻と離婚して定めの時期に達したときは、善意からたがいに気が合ったなら、彼女たちが今度の夫と結婚するのをさまたげてはならない。これは、おまえたちのうち神と終末の日とを信ずる者への戒めである。こうすることが、おまえたちにとってもっともふさわしく、またもっとも清浄なことである。おまえたちが知らないときにも、神は知りたもう。

自分と離婚した女が他の男と再婚するのに嫉妬を覚え、再婚できないようにその女性と復縁する、という行動にでる男のケースも多々あり、それをいさめたのがこの一節である。すなわち、離縁された女が新しい男を探すことは正当な権利なのだ。ところが、現実にはなかなかむずかしく、今でも邪魔される場合があるという。

また、ある男と離婚した女性と結婚を望む者については、『コーラン』(二章の二三五節)はこのようにいっている。

おまえたちがその女への求婚をほのめかそうとも、あるいは胸のうちに秘めようとも、別に罪はない。神は、いずれおまえたちの思いがつのるであろうことを知っておられる。しかし、適切なことばで言いだすのでなければ、彼女たちと密会の約束をしてはならない。また、定めの時期(待婚期間)に達するまでは、結婚のとりきめをかためてはならない。神は、おまえたちの心のうちをすべて知っておられるのだ。それゆえ、神を畏《おそ》れかしこみ、神が寛容にして慈悲ぶかくあらせられることを知れ。

このような『コーラン』の言葉を拡大解釈して、離婚した女にちょっかいを出そうとする不心得な男もいる。こんな風潮はかなり近代的なカイロにも残っているようで、裁判所から離婚通知を受け取ったその日に、もうその近所の男たちが結婚をほのめかすというか、ある種の性的な可能性を打診するような言葉をかけてくる、と離婚経験者である女性が告白している。食事やデートにさそいながら、その裏には性的な関心を露骨にした言葉や態度が感じられる、と彼女はなげいていた。つまり、男（夫）のいない女は、アラブの世界では正当に生きてゆけない、また評価されないという傾向が、近代的なカイロやベイルートですら非常に強いのだ。最近、男たちは、金をかけて複数の妻をむかえるよりは浮気を、とでも考えているのか、離婚した女に対して無礼な振る舞いをする男はあとをたたない。

離婚にあたって、夫は結婚のときに決められた結婚金の残り（ムタアッハル）を支払い、子供がいる場合には、その子が成人に達するまで養育する義務がある。そのうえ、それまで妻に与えたものは、一切取りかえしてはならないという強い規定もある。だから、近代的夫婦の離婚は、必ずしも妻を不幸におとしいれるものではないはずだが、結局、離婚で馬鹿をみるのは女という社会であることは否定できない。離婚にあたって、妻が何億という慰謝料を請求するケースすらある国では、考えられないことなのだ。また、離婚は絶対に許されないカソリック教徒が、男が宣言するだけで離婚が成立してしまう風習を野蛮だと非難するのも、わからないわけではない。

アラブでも、日本でも、ヨーロッパでも、女にとっての普遍的関心事は結婚であり、出産であり、育児であり、夫の母または自分の親とのかかわり合いであり、離婚であり、また離婚すれば再婚のことであり、たえず受身の姿勢で生きていくのにかわりはないわけだ。しかし日本やヨーロッパと違って、アラブでは、女の地位が社会的にあまりにも低い。その典型的な制度が、夫の一方的宣言で離婚が成立するタラークと、一夫四妻制だといえるが、この両者には相互関係がある。四妻制はタラークが頻繁に行使されるのを防いでいるという。妻に我慢がならなくても、新しい妻をもらえば、もとの女性は離婚せずに済み、女性は最低限の生活を守りうる、というのがその理由だ。

だから、若い人の間で、もし一人が四人の妻を持つことを禁止するなら、このタラークも禁止しなければ大変なことになる、といわれている。すると、間違った結婚をすることをおそれて、結婚する若い男が減り、おかげで結婚できない女が増えてしまう、と心配する男すらいる。このように、アラブでは離婚に関しても、生活のなかで現実的に考えられているといえるだろう。

第4章　アラブの家庭

アラブでは、結婚や離婚は乾いたもの、すなわち法律やしきたりを重視してお互いの感情を殺しているように見えるが、親子関係でもそういえる。たとえば、父親は、妊娠の際の要因となった父親との親子関係は無視され、現実に出産したときの名義上の父がその子供の父親になる。したがって、不義をはたらいても見つからなければ、たとえ後でわかったとしても親子関係は解消されないのである。

婚姻が解消されて、イッダ（待婚期間）の時期に懐妊し、分娩し、その後、新しい男と婚姻関係を結んでも、イッダのときに懐妊していた子供は、前の夫の子供として登録される。この血筋を重要視する例として、アラブでは、名前が自分の名前、父親の名前、祖父の名前、そして曽祖父の名前というふうに続いていることがあげられる。父親の血筋が非常に重要で、人をけなすとき血筋をけなすことがままある。

また、後見人の制度も興味深い。後見人とは子供にとって、まず第一に父親であり、もし父親が死んでいれば、父親の兄弟、伯父ということになる。その後見人の役割は、子供が成人になるまで——これはその時代によって違うが——およそ一五歳から二〇歳ぐらいまで、子供の食事および住居などについて保護を与えることである。また、子供が受け継いでいる財産の管理をするのも、重要な役割である。もちろん、後見人は被後見人の財産を勝手に処分することができない。むしろ子供の成人を待って、あずかっていた財産を引き渡すのが第一の役割とされている。当然、後見人が、被後見人の進学や就職や結婚などで必要と認めれば、随時その財産を処分して、被後見人に与えることになっている。また、父や祖父、伯父などがいなくて、親族の後見人をたてられない場合には、裁判官や公的な役割についている者などの第三者に依頼することもある。昔は、部族の長老にまかされていた。

養子は、アラブでは一般的なものとされている。ここでいう養子制度とは、古代のアラビアにおいて、奴隷を自由民にし、彼を自分の養子とするものである。また、自分に子供がいない場合はもちろんのこと、子供がいても自分のところに女子ばかりで男子がいない場合は、親族から男子をもらって養子にする場合も多い。出生のわからない子供を養子に

したり、捨子を引きとったり、養育しきれない子供を親族にもった場合、引き取ることが広く行なわれている。砂漠の中では子供は一人ではとても生きてはいけないという大前提から、大人たちは、子供を保護するのは、神の命令と考えていたようだ。それらの養子は実子と同じ権利をもっており、財産の分配、養育扶養においても、差をつけてはいけないのだ。

■妻が女の子を産むと、夫の立場はない

日本には一姫二太郎という言葉がある。いうまでもなく、子供が生まれる順番をいった言葉で、一番目に女の子、二番目に男の子が生まれるのがよいということだ。その理由はさておいて、日本の親の頭の中には女の子が生まれてくるときも、しっかり受けとめる準備ができているといえよう。それに対し、アラブには、「アブー・バナート」という言葉がある。娘たちの父親という意味だが、これは女の子しかいない人に向かって使われる。「娘しかいない父親」、これは、軽蔑的なニュアンスをたっぷりと含んだ呼びかけといえよう。アブー・バナートといわれる父親たちは、男の子が誕生しなかったということだけで馬鹿にされている。生まれてくる子供の性別がどちらであるかは、まったく父親の責任外のことだから、ずいぶん理不尽な言い方と思われるが、娘しかもたない父親は、それだけ

の理由で不名誉をこうむり、恥をかかされている。

一方、娘たちの母親のほうはどうか。こちらは、父親以上に重い現実的な被害をこうむる。娘だけしか産めなかった女性は、まったく子供を産めない女性と同じか、または、それ以下とさえいわれる。周囲は、彼女を冷たい目で見るし、夫からはいつ何時離婚を言い渡されるか、また新しい別の妻が迎え入れられるか、びくびくして暮らさなければならない。実際、その恐れが現実になる例はいくらでもあった。イランのパーレビ元国王の前の妃が男の子を産めず、離婚された事実はそのいい例である。

そのうえ、夫の両親や兄弟や親類と一緒に暮らしている場合、彼女の境遇はいっそうみじめなものになる。嫁いでも男の子を出産しないかぎり、まるで、ただ働きの家政婦のようなつらい生活を強いられる。その立場は、男子を出産したときに初めて改められ、嫁と呼ばれるのにふさわしいものとなる。妻あるいは母として、周囲から名実ともに認められ、母としての権威を行使できるようになるのは、このときからである。女の子しか産んでいない嫁は、いつまでも、嫁いだばかりの若い女性に対するような冷遇に耐えながら、小さくなって暮らさなければならない。実際、同じ子供の誕生なのに、男の子と女の子の誕生では、その受けとめ方が違う。その格差は、日本とは比べものにならないほど大きい。初産前の嫁の不安、男の子をちゃんと産めるかどうかという不安はとても他の地域では考えられないことであろう。

アラビア語の名詞には性がある。つまり、女性名詞と男性名詞である。アラブ人にとって望ましくないのは、どうも女性名詞が多いようだ。フランス語の太陽「ソレイユ」は男性名詞だが、太陽の照りつける恐ろしい昼間よりも夜のすずしい風のほうがずっと望ましい熱砂の国にあっては、太陽は女性名詞だ。反対に、月は男性名詞である。砂漠やぶどう酒は女性名詞、海や水は男性名詞、といった具合である。日本で子供といえば、それは男の子でも女の子でも、その両方が含まれる。ところがアラビア語の名詞は、男性名詞か女性名詞に分類されるので、性別に関係なく子供を表わす単語、つまり中性名詞としての子供という名詞が存在しない。言葉のうえで子供という中性名詞がないことは、アラブ人の意識の中に性別ぬきの子供は存在しなかったのだろう。彼らの意識では、男の子と女の子は明確に区別され、両者は対照的に考えられている。

アラブ人は、初対面の相手に子供の人数を尋ねるのが好きだ。彼らが未知の人を知るためにする質問は、まず未婚か既婚かである。次が子供の人数、その際アラビア語では、子供が何人いるのとは尋ねられない。息子の人数と娘の人数を別々に質問する。息子がおらず、娘しかいないと答えなければならなかった父親にとっては、この種の質問は快くない。反対に大勢の男をもつ父親たちは、この種の質問に答えるのが大好きだ。このことは、きっと父親の生殖能力、男としての偉大さを証明することだからだろう。アラブにいる日本人も、よく「子供は何人いるの」とか、「二人?」とか質問されるはずだ。カイロのように早くからヨーロッパ化された大都会ではともかく、エジプトの農村地帯やアラビア砂漠の地では、この答えは、答えた日本人の性能力の証明となっていることに気づかない。答えを受けて、「私には男の子が四人、女の子が三人いる」、と誇らしげに言うアラブ人の顔が目に映るようだ。われわれにとっては、なんと無計画で無駄なことかという感じだが、子だくさんに恵まれる男らしさや、おせっかいにも子だくさんに恵まれる方法や妙薬を教えようとするアラブ人たちに、日本人は辟易する。

実際、女性は女性から、男性は男性から、子供の産み方について、実にさまざまなアドバイスを受ける。アラブ人たちにとって、その忠告は私たちが考えている以上に重大な意味をもつのだ。しかし、親切心にあふれた忠告や、アラブの知恵をもってしても、「男の子の産み方」を知るのは不可能だ。こればかりは、どうあがいても、まさに「インシャーアッラー(イン・シャーア・アル=ラーフ)」(神の御心のままに)というわけだ。子供についてのエピソードを、私の知り合いの日本人が、かつて語ってくれた。

「〝一週間前に子供が産まれました〟と、私の雇っていたアラブ人の運転手が言った。それも、毎日顔を会わせていたのに、自分の子供が産まれてから一週間もたって彼は私に報告した。いつもならば自分の家族に何事かあると、馬鹿馬鹿しいくらい大げさに語ってみせるのに、と私はいぶかった。〝子供なんて、しょっちゅう産まれるので、うれしくも何ともないのだろう〟、と私は思ったが、実は、そうではなかった。どうも、その後の彼の様子がおちつかない。尋ねもしないのに、赤ん坊の話を始めたかと思うと、突然話題を変える。そこで私は、〝どうやら彼は、子供の自慢話をしたいが、てれている〟と思ったので、こちらから子供について聞かないと悪いと感じ、聞いた。ところが、その運転手は、あまりいい顔をしなかった。子供が産まれたのがうれしいというのは、どうやら本当のところらしいが、その喜びの表現方法がにえきらない。私には、まったく不可解な態度だった」。

本来、アラブ人の感情表現は、こちらが恥ずかしくなるくらい、あからさまで大げさである。たかだか三ヵ月ぐらい会わなかった友だちでも、抱き合いチュッチュッと音をたててキスをして、親愛の情を表わす。結婚式のときなどは女たちが集まって、〝ルルルルラララ〟、と高らかにのどを鳴らすし(「ザクラタ」という喜びの叫び)、その声を響かせて、喜びを周辺に歩いて知らせる。反対に、葬列の際の涙、泣き声もきわめて大きい。けがなどをして痛いときも、その痛みにじっと耐えるなどということは考えられない。大声で周囲の人たちに、「痛いよう、痛いよう、死にそうだよう」と訴える。日本人たちが、よほどの大けがをしたのだろうと心配していると、なんということはない、ほんのかすり傷で血がでただけという場合が多い。

また、怒りの表現もオーバーだ。ささいなことでも、すぐ感情的になるから、けんかが絶えない。女同士でも、しばしば罵倒し合うだけでは事足らず、相手にかみついたり、髪の毛を引っぱったりする。感情の動きをおさえて、無理に平静をよそおうのは苦手のようだ。むしろ、自分の感情の二倍も三倍も大げさな表現をし、誇張した感情表現をすることによって、事の重大さを周囲に訴え、その周囲からのリアクションを待つというのが、彼らの本心のようだ。

ところが、子供の誕生については、親たちはさりげなさをよそおったりする。ちょっと微妙な屈折した感情表現をする。子供が産まれたのを喜んでいるのは間違いない。しかし、その喜びを率直に人に伝え、また、その人もそれを率直に喜ぶことができないようだ。アラブ人にとっては、新しい生命の誕生というこのすばらしい出来事が、重要ではないのだろうか。そうではない。その正反対なのだ。大部分の親たちにとって、子供の誕生は重大すぎるのだ。うれしすぎる大事件だからこそ、そのうれしさを、大らかには表現できないのだ。

子供をもつこと、とくに男の子をもつことは、その両親の大変な名誉だから、子供の誕生を親たちが喜ばないわけがない。貧しいものは貧しいなりに、金持ちは金持ちなりに子供の誕生を望んでいる。だいいち、子供が産まれることは、その夫婦が結婚したときから、常に望みつづけたことなのだ。結婚式の当日、新婚のカップルのために集まった人たちは、「子供に恵まれますように」と祝福の言葉を送る。子供に恵まれない妻には、女友だちがいろいろと秘訣を伝授してきたに違いない。それなのに、何故、子供の親たちは大喜びしてみせないのだろう。どんなささいなことでも、それが自慢できることであれば、あちらこちらで、誇らしげに話すのがアラブ人の本来の姿のはずだ。

実際、親たちの落着かないその様子は、わが子の誕生を見せびらかしたいという感情と、その反対に、人にそれを隠さなければいけないという感情抑制の間を行き来しているようだ。つまり、彼らは、他人を恐れているのだ。他人が子供に嫉妬するのを、極度に嫌っているのだ。言い換えれば、子供の誕生は彼らにとって、人から妬まれ、にくまれるほど、すばらしい出来事なのだ。他人の嫉妬心などはささいな事柄ではないか、とわれわれは思う。ところが、アラブ人は、人から妬みの目で見られることを極度に嫌う。

だから、アラブ人に子供が産まれても、こちらがその点に非常に興味を持つそぶりを見せたり、〝かわいい〟と子供を誉めあげると、彼らはたいへんである。万が一、子供が死んだり、病気にでもなったら、あいつがわが子を悪魔の目で、じっと見たからだと言いがかりをつけられかねない。ベドウィンの間では、病気は二通りの原因があると信じられてきた。一つは神アッラーの御意志であり、残る一つが悪魔の目だ。

悪魔の目とは、他人の妬み深い目に宿る悪魔のことで、その邪悪なまなざしで見つめられると、とんでもない災いが、見つめられた者のうえに起こるというのだ。たとえば、美しいきらびやかな洋服で歩いている男が、急に何かにつまずいて怪我でもしようものなら、だれかが、男をあまりにもうらやましがり、嫉妬に狂った目で見つめたためだ、と人々は考える。妬み深い目が不幸を招くと信じられてきたので、他人や他人の持ち物を、さもうらやましそうに誉めるのはアラブでは不作法にあたる。「なんてすてきなの」などと、思わず感嘆の声を挙げてはいけない。そんな失礼をすれば、砂漠の民は、一斉に声の主をたしなめる。誉められた本人も、口にだして抗議しかねない。

こんなときは、思わず声を出してしまった者が、「神よ。預言者を祝福したまえ」と称えることが多い。あるいはまた、「インシャーアッラー」ということもある。つまり、〝神の御心のままに〟という意味で、アッラーへの限りない賛美と忠誠と、その承認を意味している。この言葉をとなえれば、不作法の張本人も、周囲の人間も、後々の災いを心配せずにすむ。神が、悪魔の目が招く災いを防いでくれる、と信じられているのだ。

■アラブ人は、悪魔の目を恐れる

かつては子供の誕生に関する祭事も、もっぱら、この二つ、アッラーと悪魔の目のために行なわれた。産まれる子供に、悪魔の目が害をおよぼさないように、祭事が行なわれたことも多い。しかし現在では、子供に関するこのような祭事が行なわれることは少なくなってきた。もっとも日本の七五三のように、本来の祝い事の意図とは無関係に、商業ベースにおどらされるようなことはない。

一八二五年から三年間、エジプト人になりきるようにして暮らしていたイギリス人のウィリアム・レインはアラビア語の修得のかたわら、エジプト、とくにカイロ市民の風俗、習慣を克明に記録した。彼の著書『エジプト風俗史』には、子供の誕生にまつわる祭事がくわしく記述されている。そのなかで、彼は、当時のカイロでは、「祝い事は、まず、子供が産まれた翌日の誕生祝いのダンスで始まった」と言い、「子供が産まれた翌朝になると、二、三人の男の踊り手や女の踊り子が、家の前、もしくは中庭で誕生祝いの踊りを踊る。また、男児の出生のための祝いは、常に、女児の出生のための祝いよりも盛大である。アラブ人は、いまだに、往々にして女児を抹殺した遠い祖先の感情をとどめている、といえよう」と書いている。

この、〝踊り子を呼んで中庭で〟という表現をみると、この宴の主は、ある程度の金持ちだとみなければならない。カイロでは、この程度のことは、上流階級のほんの一握りの人間しか味わえなかったことではなく、よくあったことだが、同時に、踊り子を呼ぶことなど考えられないほど貧しい人たちもたくさんいた。どうやら、この一文をみると、この祝い事のホスト役は家の主で、ここに集まってきた友人は男のようだ。女たちは、女同士の特別なときにしか、踊り子を呼び入れたりはしないからだ。踊り子を入れるのは、もともとハリームの女性たちの礼儀にかなっているとはいえず、また、もしこれが女性のための集まりだったら、踊りは中庭ではなく、ハリームで演じられなければならないからだ。それに出産の翌日では、母親にパーティの主役は務められないだろう。

ただし、この後の祝い事は母親と女たちが中心になる。出産後四、五日たつと、家の女たちがごちそうをこしらえて、女の縁者や友人にくばって歩く。ハチミツやバターを使った甘い菓子である。また、産まれてから七日目、「ヨーム・アル＝サービゥ」と呼ばれるこの日は、新生児にとってもっとも盛大な、にぎやかすぎて産まれたばかりの子供には、はなはだ迷惑にちがいない祭事が行なわれる。日本でも御七夜といえば、子供にとって産まれて初めて出会う祝い事、特別な日だが、それは静かで安らかな一日だ。しかし、アラブではこの日、幼児は美しく着飾って、招待された客の前に姿を現わす。美しく着飾るといっても、生後間もない子供のことだから、カシミヤや美しい色彩のショールにくるまれているくらいだ。

そこに招待されるのは、昼間は女ばかりで、親類や女友だちがハリームに集まって、時には歌い手まで雇い入れて、にぎやかに本日の主役の登場を待つ。いよいよ幼児がつれてこられると、婦人の一人が真ちゅう製の鉢を棒で激しくたたいて、景気をつける。女たちは子供をふるいの中に置いて、激しくゆすぶる。こうすると、胃腸が丈夫になると信じられているからだ。この七日目のお祝いには、二つの目的がある。第一は子供のお披露目であり、親にしてみれば、子供が産まれたぞという自慢のための催しであり、第二は、これはどこの国や民族でも共通だが、子供の健康と無事な成長を願うことである。

アラブでは、子供が無事に成長するためには、悪魔の目の災いが及ぶのを防がなくてはならない。神に成長を祈るだけではなく、悪魔の目から守るための魔よけをすることが、このヨーム・アル＝サービゥの目的である。悪魔の目は、前述したごとく、嫉妬にかられた他人の目に宿る。子供の幸福のためには、妬みのこもった目で見つめられてはいけない。だから、おかしなことに、この日招待した人々の目にも十分注意する。女たちのだれかが、かわいい産まれたばかりの子供をみて、うらやましさのあまり、しゃがんで子供をじっと見つめないとは限らないからだ。

だが、〝そんなに人の目が恐ろしいなら、人を大勢招待して、仰々しいお祝いなど開かなければいいのに〟、などと考えてはならない。アラブの親にしてみれば、子供を人々に見せたい気持ちもいっぱいだから、子供を客たちに見せびらかしておいて、今度は悪魔の目への配慮をするのだ。〝ゆすぶられて胃腸が丈夫になるように〟、と祈られた幼児は、次には婦人の一人に抱かれて、ハリーム中の部屋をめぐり歩く。このとき、つき添い女は、各部屋の床に塩と黒種草の実をまぜたものや、または塩だけをふりまいて歩く。これは前の晩から幼児の枕元に置いてあったもので、彼女はそれをまきながら、こう唱える。「預言者を祝福しない者の目に、塩が入りますように」「妬む者の目に、よごれた塩が入りますように」、と。こう言われると、そこに居合わせた人々はだれでも、「おお神よ、わが預言者を祝福したまえ」、と唱えなければならなかった。この習慣は、子供を悪魔の目から守るための魔よけである。

次に、幼児はマットレスの上で横にされ、客である婦人たちは、一人一人順番に、幼児の顔をのぞきこんで、「おお神よ、わが預言者を祝福したまえ。どうか長寿をさずけたまえ」、と祝福の言葉を唱える。そうしながら、人々は子供に贈りものをする。ふつうは、金貨が結びつけられたハンカチを贈り、客たちはそれをフワッと幼児の額の上にのせてプレゼントする。この金貨は、この後数年間、子供の頭飾りに利用されるならわしとなっている。やがて夜になると、女の客に代わって、男たちが集まってくる。このパーティのホストは子供の父親であり、家が裕福な場合には、歌い手や踊り子などを呼んで、歌や踊りに興じる。この催しのほうは、ふだんもたれるパーティをそのまま盛大にしただけで、子供を中心にしたわけではない。

こういったパーティで、イスラム教徒は、一般にアルコールを飲まない。周知のごとく、『コーラン』に酒を飲んではいけないと書いてあるからだ。

■男の子が産まれたら、女装と割礼が必要

しかし、レインが見落としたいくつかの習慣がある。その一つは、今でも残されている女の子の習慣である。女子は生後七日目に、耳たぶに針で小さな穴をあけられ、ここに小さな耳飾りがつけられる。耳飾りは、子供が成長するにつれて、いろいろとデザインのこったものや高価なものに取り替えられるが、この耳にあけられた小さな穴は、ずっとその後も残される。もしそこになんの飾りもつけないでおくと、自然にふさがって、元に戻ってしまうからだ。したがって、アラブ女性たちは、小さなときから、かたときも離さず耳飾りをしているのがふつうだ。「なぜ穴をあけてイヤリングをするの」と尋ねると、エジプト人は「なぜ、あなたはイヤリングをつけないの」と答えるという。聞くところによると、日本でも奈良時代までは、耳に穴をあけて装飾品をつけていたらしいが。

またヨーロッパでは、一七世紀に留め具が開発されるまで、ずっと続いていたといわれ

る。さらに、現在でも、東南アジアやアフリカの地域では、小さな女の子から老婆まで、ほとんどの女性が、耳に穴をあけてイヤリングをしている。

さらに、レインが見落としたもう一つの点は、子供の目にアイシャドーを塗って、悪魔の目を防ぐ、という習慣である。悪魔は子供の目から入るという考えがあるが、そのために、目のまわりにくじゃく石や、るり石、最近では化学的に作られたアイシャドーを塗る。前述した、七日目に盛大なパーティを催す一つの理由は、昔は幼児の死亡率が高く、産まれても、すぐ死ぬ場合が多かったからだ。そのため、七日間生き延びれば、親類縁者に子供の出産を披露しても大丈夫だろう、という親心があったからだ。このように、子供に対する悪魔の目への恐れは、幼児死亡率の高さに起因している、という民俗学的な見解もあるが、ともかく、子供の生命に対する親の恐れは大きい。

こうした悪魔の目のために、親たちが子供にほどこしたいろいろな配慮の中でもっとも奇妙な習慣は、外出の際、少年に女装させることだった。悪魔の目は、女というつまらぬ存在には嫉妬せず、目もくれない、と伝えられている。そこで、男の子に女の子の服装をさせて、悪魔の目を防ごうとした。ところが、この偽装工作は、実際にはむしろ男の子をより目立たせ、きらびやかに見せる結果となる。実際、派手に子供を飾りたて、町の人にそれを見せびらかしながらも、建て前はあくまでも女の恰好をしているので、悪魔は目もくれない、という考えはいかにもアラブの論理にふさわしい。

かつてはカイロでも、五、六歳以上の少年は割礼を受ける慣わしがあった。そのときは、両親の経済力にあわせて豪華な行列をくみ、飾り立てた馬に乗った少年が、自宅付近や道々をねり歩く習慣があった。少年のあとには、女の縁者や知人たちが付き添った。こうして、両親は子供の成長ぶりを人々に見てもらった。現在でも、トルコやイランなどでは、割礼式は楽隊まで出て華やかに行なわれている。エジプトの農村地帯でも、割礼の祭りは残っている。その夜は、村の仲間を呼び、割礼を受けた少年を励まし、祝うため祭りが行なわれる。そのときは、歌あり、踊りありで、人々は大はしゃぎする。が、当の子供はその割礼の痛さで、民族服の前を自分の小さな手で引っ張って、衣服が触れないように、顔をしかめて、主役の座に座っている。

この割礼式と女装の習慣は、アラブ風俗の中でも興味深いものだが、現在、女装の習慣はほとんど行なわれない。この習慣は女性にとっては、屈辱であると考えられはじめたからだ。婦人解放運動を続けている知り合いの女性は、私に、

「私の母は、兄に女装をしろ、とせまる父や親類の声をはねつけて、断固として少年らしい姿で彼を育てました」

と、自慢気に話していた。さらに、この婦人解放運動家は、

「母は、悪魔の目などという迷信を、頭から信じていませんでした。子供のころ、家の近所にフランス人一家が住んでいたので、その家族の影響を受けたのかもしれません。母が兄に女装させなかったのは、男の子は男の子らしく、小さな頃から、毅然として育てようという強い意志を持っていたからでしょう。兄弟に向かって、〝あなたは男の子ですよ〟、と何度も言い聞かせていた母の態度を、今でも覚えています。ただ最近になって、女装を拒否した母の気持ちを考えてみると、その中には、悪魔が目もくれないぐらい女の子はつまらない存在にすぎない、という当時のごくふつうの考えに対して、反発を持っていたのではないかと思います。そういった言葉を母が実際に口に出したという記憶はありませんが、彼女は非常に誇りの高い人間でしたから、女の誇りが、かえって自分の息子に影響を与えたのかもしれません」と述べていた。

■部族間の優劣は、男の多少によって決まる

日本の父親の中には、息子よりも娘のほうが、ずっとかわいいという人がいる。娘を甘やかし、その結婚式には、そっと涙を流すのが父親、と相場が決まっている。娘に甘えられて、うれしそうにしたり、照れながら知人に娘を紹介したり、娘に愛情をそそぐ父親の姿は、テレビのホームドラマに登場する典型的な父親像だ。日本では、父と娘の結びつき

は父と息子のそれとはひと味違っており、前者のほうが、よほどやさしさがあふれている。旅行に行って目につくのも、娘へのみやげを買う父の姿だ。

若い夫婦に向かって、男と女、どちらの子供がほしいかと尋ねると、日本では、あれこれと答えが返ってくる。両方という人もいれば、五体満足なら性別などかまわない、という人も最近では多い。男の子を、あるいは女の子をと望んでも、すでにどちらかの子供がいると、次の子供も同じがいいとか、違うほうがよいといった程度の感情をもつにすぎない。こうした返答を聞くと、男の子も女の子もそのどちらもが、同じように両親に望まれているという印象を受ける。何がなんでも男の子、あるいは反対に女の子という気持ちがないことはないのだろうが、社会一般の希望が、どちらかに片寄っているといったことはない。

ところが、このことを国際的にみてみると、まだまだ、圧倒的に男の子を望む人が多いようだ。しばらく前、イギリスでの試験管ベビーの誕生というニュースが出たときに、男女の産み分け方がマスコミの話題になった。そう遠くない将来、人類は染色体を操作する技術を開発し、確実に自分の希望する性別の子供を産むことが可能になるだろう。

しかし、男女の産み分けは、人間の尊厳性とか神の摂理など多くの問題をかかえている。そのうえ、人間の好みで子供の性別を決めることができたら、世界の男女比のバランスはくずれる。男が圧倒的に多くなり、女の売り手市場となるという統計もある。

こうなると、アラブ人は圧倒的に男の子を望むだろう。なぜ、彼らは男の子をほしがるのだろう。かつて、『毎日新聞』の中東特派員であった安延久夫氏は、著書『熱砂の女たち』の中で、次のように述べている。

二、三歳の子供が通りでつまずけば、必ずだれかが飛んできて助ける。椅子を持ち運ぼうとすれば、すっと手が伸びて、だれかが取ってくれる。二歳になっていた私の末っ子が通りで転んだら、雑貨屋のホダが、すぐ助け起こそうとしたので、「余計なことはするな、自力で起きるまで待つんだ」といったら、妙な顔をしてひき下がった。それから二、三日して、「あの日本人は残酷だ」という評判がたった。私は当初、エジプト人はとても子供をかわいがる国民と思っていた。しかし、単にかわいがるのではなく、家の所有物として大事にしていることに気がつくまで、長くはかからなかった。

確かに、エジプトにかぎらず、アラブ人は、子供に非常にあまい。身内の子供ばかりか、他人の子供の世話までやきたがる。ヨーロッパでは、電車やバスの中では子供を立たせておいて、まず親が座席に座るという。日本でも、その真似をする家庭は多くなった。しかし、アラブでは逆である。まず子供が先だ。混み合った車内で、一〇歳以上にもなるわが子をなんとか座席につかせて、自分は立っている母親の姿などは日常茶飯の光景だ。

安延氏は、そのかわいがり方は、家の所有物として大切にしているからだ、と言っている。つまり、子供をたくさんもつことは、アラブの親たちの名誉なのだ。それは、大勢の子供を養える自分の財力を誇りうるからであり、親たちの子供を作る能力の証明になるからだ。子供を作る能力を評価するのは、子供の存在そのものが社会にとって大切であり、大きな意味をもっているからにほかならないのだろう。

日本にも産めよ増やせよという時代、子だくさんの親がもてはやされた時代があった。軍国主義の時代には、人間そのものが国力であり、戦争のための武器であった。戦場で、次から次へと失われていく命を補充しなければならない、と考えられたからだ。アラブでも、子だくさんの名誉というのは、この日本の戦争中と似た事情から生まれたにちがいない。かつてのアラブ社会、とくに砂漠のベドウィンを中心とした部族社会は、恒常的に他部族と戦闘状態にあった。彼らにとって、他部族はどれも襲撃の対象であり、恰好の餌食であり、また、いつ自分たちを襲うかもしれぬ危険な敵であった。他部族に対する強い排他主義は、自分の部族への絶対的な所属、服従、信頼によって裏づけられていた。血縁をきずなにしたこの部族という集団は、絶対的な単位でありつづけた。アラブ人は、この血縁集団に対する強い忠誠心、部族連帯意識に基づく行動様式をもっていた。集団内の絶対的な連帯感は教義に反する、と非難した預言者ですら、改善することができなかった。

現在でも、アラブ人家族の連帯、血族の団結は驚くほど強固だ。毎日、『アル＝アハラーム』や『アル＝アクバール』といった新聞では、大きなスペースをさいて、死亡記事や結婚のニュースを伝えている。彼らが新聞を見る最大の理由は、自分の関係者のだれかに変わったことが起きれば、すぐさま、悔みや、喜びの挨拶をしなければならないからだ。それは電話、電報、手紙などでは不十分である。実際に足を運ばなければ、その後つきあってもらえない、という初期のアラブの伝統に根ざしているのだ。この社会では、名誉とは、集団に対する忠誠心を意味する。集団の存続にどれだけ貢献するかで、その名誉がはかられるのだ。したがって、子だくさんは、集団の存続にかかわる名誉なことであり、子供をたくさんもつこと、とりわけ男児をたくさんもつことは、集団の利益のために直接役立つと考えられた。

遊牧民の社会では、集団の安全や存続は、その集団の規模にかかってくる。他の条件が同じなら、部族の優位・不利は、その部族が戦いに参加する男たちを、どれだけかかえているかで決まる。つまり、男の子は将来戦士となる以上、部族全体の武器であり、財産であった。男児の誕生そのものが、部族にとっては十分な価値をもっていた。それでは女児はどうだっただろう。彼女たちは、成長しても襲撃や自衛のための戦いに参加できない。それは男たちだけの仕事だった。女は武器をもって戦えないばかりか、時として敵の手におち、部族に恥をかかせることすらある。戦いという点に関していえば、女は足手まといで役に立たない。

■男の役割は部族の名誉をになうこと、女の役割は夫に従うこと

しかし、女たちの部族への貢献は、一世代後に証明されることがある。つまり、産まれた女児が成長して、人の妻となって男の子を産み、その子供によって集団の力が増強された場合だ。もし、その子供が他の集団に連れ去られ、他の集団の繁殖に役立つとすれば、かえって、その出生はあだとなってしまう。こうした考え方が、男の子と女の子の扱い方の相違を、一番如実に表わしているといえよう。

他方、性格形成や成長後の男性観、女性観に疑いなく影響を及ぼしているのは、授乳期間の相違である、とサニア・ハマディはその著書『アラブ人の気質と性格』の中で指摘している。アラブでは、母親は、極端に男の子をかわいがる。一般的に、男児の授乳期間は女児の倍もあった、といわれている。男の子は二、三歳になるまで授乳を続けるのに、女

の子は一、二歳で終わりになってしまう。このように、子供の授乳期間に大きな差があるのは、母親は男の子を甘やかすからであり、女の子は甘やかしてはいけないという通念があるからだが、その結果、早い時期から、乳をほしがる女の子を無視し、彼女を母親の乳房から無理矢理に引き離してしまうのだ。

　これは、とりもなおさず、女の子を産んでしまったという罪の意識がそうさせるのだ、といわれている。母親は、女の子を産むと、そのうめ合わせをしなければならない、という考えにとりつかれる。早く次に男の子を産んで、夫や家族に喜んでもらわなければならない、とあせる。アラブでは授乳期間は妊娠しないと信じられているので、早くから女の子を乳ばなれさせ、次の妊娠を急ぐわけだ。したがって、記憶のない時期とはいえ、この乳幼児時代の母親の扱いは子供の性格形成に大きな影響を与えるのだ。実際、女の子が早い時期から離乳を強いられるのに反して、男の子はおしめもとれ、走り回ったり、遊んだり、果ては、しゃべれるようになっても、まだ母親の胸のあたたかさ、やわらかさに接している。乳が飲みたいといえば、母親は、すぐに飛んできて乳房をふくませる。男の子にとって母親は、すぐに自分の欲求を満たしてくれる従者のような存在なのだ。この関係では、子供のほうが主人で、母は従者、一方、女の子にとっては、母の乳房のやさしさや、幸福な思い出は幼いうちから遠くなる。女の子にとって母親は厳しい存在であり、女の子が母親に、他の男の兄弟と同じような扱いを期待しても、子供としてごく自然なこの希望が満たされる例はまれだ。しかも、幼い女の子は、だれにもそれを訴えることができない。自分の周囲には従者がいない。こうして、彼女たちは、大きくなってから演じなければならない女としての役割を、潜在的に身につけ始めるのだ。それは、表面的には父に従い、母に従い、後には夫に服従する、という役割といえよう。もっとも、ふつうにしていても、四、五歳に成長すると、同年齢の男の子に比べて女の子は、めったに両親に逆らわなくなる。

さらに、育児の違いで、男子女子の性格形成に著しく影響を与えると思われる点は、四、五歳を過ぎるころから父親が教育に積極的にのりだしてくることだ。その結果、それまで母親のかたわらで甘やかされ、好きなように振る舞っていた男の子は、徐々に男の世界へ引きずりこまれる。父親は、母親のように、男の子が口に出した欲求をかなえさせたりしない。アラブでは、父親は、息子の教育に際して、全面的に強い仕打ちをする。わが子をどんなに愛していても、その仕打ちは厳格をきわめている。女たちの庇護の世界から引き出された男の子は、父親に代表される苛酷な男の世界に直面させられ、その世界の基準としきたりを教えこまれてゆく。男の子が血族・部族集団の貴重な財産であるだけに、集団は彼に集団の一員たるべき、さまざまな資格を要求するのだ。

男の子は、父親の命令に絶対服従し、父親の希望にかなうべく、最大限の努力を払わなければならない。不埒な子供に対しては、父親は体罰を厭わない。時として棒でぶつこともある。その中で、男の子は、部族への絶対的忠誠心を体得してゆく。それでも、男の子は、時々、父親の世界を逃れて、母親の庇護の世界へもどる。そこでは、母の胸に飛び込み、甘え、あいかわらず王者として振る舞うことを許される。この母親の優しさが、厳格極まりない父親の教育とのバランスを保っているといえよう。

しかも、この二つのあまりにも違う生活環境が、アラブの男に典型的なパーソナリティの二面性を形成しているのだ。つまり、男の世界、表の世界に臨んだときの態度と、身内の間での振る舞いがまったく違う。外にあっては、男は勇者でなければならない。彼は、男の世界の序列を自覚している。そこでは、兄や義兄に対してですら、目上の者として尊敬を表わさなければならない。彼らの命令に服従するのが、男の世界の秩序だ。そのかわり、男の子は、女たちのだれをも目下の者として扱ってよいのだ。女の世界に身を置くと、男たちはわがままな甘えん坊になる。さらに、男の子は、根は甘えているにもかかわらず、強制的な態度で女たちに命令し、尊大ぶり、外の世界で自分が絶対服従を強いられている分だけ、女たちに服従を求めるのだ。

一方、女の子のほうは母親に必要以上には甘やかされないが、苛酷な父親の手にゆだねられることはない。ずっと長い間、母親のもとにあって成長する。両親が自分に無関心であったり、冷たかったりした幼児体験は、女の子の心に傷を残すが、反面、女の子を強くする。女の子は、両親との間に適当な距離を保ちながら、幼児から少女へ、少女から女へと成長する。母親は、娘に実際的な仕事を教え込む。これらの仕事をどれだけ立派にやってのけるかが、娘が女になったときの値打ちとなるからだ。小麦をひき、粉を練り、パンを焼く。共同井戸からの水くみ、羊の料理、機織りや縫いものや刺繍、ラクダの糞を丸めて燃料を作ること等々、女の子は女の世界にあって着実に自我を形成してゆく。こうした娘の教育は、全面的に母親が負う。

女の子にとって、父親とは男の世界の人間であり、その世界から彼女たちが学ぶことは何もない。思春期を過ぎれば、少女たちは少年たちと外で遊ぶことさえ許されない。女の子は、母親に代表される女の世界の中で成長してゆく。男の子のように、男の厳しさにあふれる世界と、母親の甘さとの間を往復しながら、二重人格的になってゆく心配は、女にはない。ごく幼いうちから、無理な要求は求めても得られない、と了解している。そのことは、親や他の者に女の子が従順であることを意味する。

しかし、それだけではない。女の子は、自分がこうしたいと思ったら、ほかならぬ自分自身が努力してそれを達成する以外に道はない、とわかっているのだ。女の子たちは、現実的に思考し、行動する術を、幼いころから身につけてゆく。そうしながら、男よりも実際には強く育つといえよう。彼女たちのその強さは、人に黙って従い、尽くすことで発揮される。自分たちから相手を倒す力をもつ強さではない。それは、砂漠に生えている灌木のような強さといえよう。

■今のアラブでは、教育が男の武器

しかし、このような伝統的な男子女子の教育法は、現在、かなり変わってきている。たとえば、カイロのような都会では、男の子と女の子の育て方の差は少なくなってきた。また、女の子にも、男の子の育て方との差を抗議する強さがでてきた。また、たくさんの子供をもつことによって、経済的負担に耐えられない夫婦も増えてきた。給与所得者などの中には、子供は何人と決めている家族もある。また、政府も、家族の数を制限することを奨励するため、避妊薬または避妊具を無料配布している。このように、子供の数が制限されてくると、男の子と女の子の区別は、だんだんなくなってくる。そして、親たちにとっては、限られた子供たちをいかに育てるかが、むしろ重要になる。女の子はよりよい男に嫁がせ、男の子は、よりよい地位につくような教育を施すことに関心が向く。

実際、アラブ社会は、現在、教育ブームといえる。もちろん、その意図には二面ある。

その一つは、読み書きができ、数が数えられるという最低限の人間的教育を行なう国家的規模のものだ。他方は、ある一部の中産階級が形成する権力機構に入りこむための、またはエリートになるための特殊な教育、いわゆる私学教育である。現在ではこれが非常に盛んだ。アラブ圏には、高等教育機関としての大学の数は少ない。だからこそ、大学に進学することは重要なのである。それは西欧や日本と同じであり、その競争の原理こそ、まさしく今まで砂漠で武器を持ち、戦ってきた社会構造原理の変形といえよう。

だから、父親や母親は、学校の成績をよくするためなら、どんなことでもする。教師に贈り物をしたり、担任の教員に家庭教師をしてもらったり、中には教師に賄賂を贈ったりして、成績をよくさせる。それは、成績が進級・進学に役立つからだ。日本の入学試験制度とは違い、成績によって進学先が決まるからだ。実際、高校のときの成績によって、大学、学部、学科まで決まってしまうような制度では、中学や高校の成績は非常に重要なのだ。だから、親たちは、日々の成績に目の色を変えるのだ。そこで、親から賄賂を受けとった教師たちは、それをごく当然のように思い、金持ちの家に、「私が家庭教師をすると、お宅のお子さんの成績がよくなりますよ」とアドバイスすることまで行なわれるのだ。

このような形で、成績がよく、実力のない子供が社会に出たとき、本人が困るだろう、と考えない。学校教育と社会での適応性とは、まったく異なると考えている親が多いのだ。

だから、社会に出てからなんの役にもたたない学校の成績は、どんな手をつかってでもよくするのがいいと考えている。実際にアラブにいると、「社会での実力」とは何なのか、わからない面が多い。学校教育を、運動会での競走のように考えているふしがある。

あるとき、ある学校の教師が、私に次のようにもらしたことがある。

「しょせん、人間などというものは、五十歩百歩なのだ。だから、親が熱心に家庭教師をつけたり、ものをあげたりしても、子供の成績はともかく、実力は変わらない。賄賂を贈られたことによって、一番になろうと、三番になろうと、結局最後はその人間の実力である。したがって、多少力がなくてもいい地位についたり、多少語学ができなくとも社会に出てしまえば、それで終わりだ。成績よりも、社会に出てから必要な緻密な人間関係とか、苦しいときにふと湧き出る機知のほうが重要なのだ。学校教育は、せいぜいその基礎をつけるに過ぎない。しかし、子供たちの中には、基礎的知識がなくても、その場その場でうまく対応できる者はたくさんいるし、学校の成績が、社会の中でどれだけ利用できるか疑問だ。学校教育として最大限できることといえば、〝知識〟を与え、〝技術〟を習得させることだけだ」。

実際、アラブの子供たちのたくましい成長ぶりを日ごろ見ていると、私には、この言葉が実感をもって迫ってくる。

第5章 アラブの男たち

これまで1章から4章まで、アラブ人の内側、つまり女性・子供や家庭について述べてきたが、ここで、アラブ人の外側である男たちについて触れておきたいと思う。もちろん、男たちとて、家に帰れば女性や子供と一緒に生活するわけだが、ここでは、おもに、男同士のつきあいや、われわれ外国人との接し方を通してアラブの男たちを考えていきたい。

われわれ日本人に限らず、欧米諸国の人も、当然、アラブ人の裏側である女性の世界——通常ハーレムと称されている——に足を入れることはできない。時には女性ジャーナリストが、アラブの家庭に入ってその生活をかい間見、レポートを出すこともあるが、それも、しょせんは建て前の世界にすぎない。もちろん、アラブ男性の妻として、その世界に入り込んだ女性のレポートが出てくれれば、もっと多くの部分が明らかになることだろうが、今のところ、その資料は少ない。それゆえ、欧米に限らず、日本でも、その閉ざされた世界についての興味は強い。私も男であるがゆえに、ハーレムの真の姿はわからなかったが、数十年間の経験と今までに発表された資料によって、これまで客観的に述べてきたつもりである。しかし、アラブ人と結婚したことによって、少しはアラブの女性を知ったつもりでいたが、書いてみたら、よくわかっていなかったことに気づいた。この章以降は、男の世界である。アラブの社会は男によって形成されているので、現地で仕事をしてきた私には、女の世界よりは理解しやすかった。

この章では、とくにアラブ人の発想の原点を探るために、種々の思考形態を中心に、分析していくつもりである。とはいっても、やはり私にとってアラブ人は異人であることに変わりはない。友人や先輩方から、おまえは半分アラブ人だと冷かされても、やはり日本人的な物の考え方から脱しきれない。そのへんのギャップを含めて書きすすめていきたい。

■いずこの国でも、財産争いは絶えない

アラブ人は一般に、金銭に関して細かいというか汚いとさえいわれる場合が多い。もっとも、世界中で金銭について無関心な国民などはいまい。さて、イスラム教の中で金銭についてどのような解釈がなされているのだろう。

『コーラン』(二章の一八八節)では、次のようにいわれている。

おまえたち、むだなことで自分の財産を使い果たしてはならない。また、知りつつ不当に人の財産の一部を食おうとして、裁判官に贈賄してはならない。

実際、アラブでは金銭に関するもめごとが、たいへん多い。親子でも兄弟でも、こと金銭については別勘定である。また、夫婦に関しては、『コーラン』にも規定されているように、夫と妻の財産は、まったく別に考えられている。たとえば、嫁にくるとき、女は持ってきた財産をいっさい夫に渡さないし、結婚の前に決めた結婚金を受け取った場合、代理人である父や祖父に渡さぬ場合もよくあるという。

さらに、女は男に扶養される権利があり、そのほかにも必要な物を要求し、買ってもらうことができる。しかも、離婚をするときには、一度もらった物はいっさい返さなくてもいい、と『コーラン』に書いてあるくらいだから、外から見ると、一見女のもらいっぱなしというか、私の物は私の物、おまえの物も私の物的な考えのように見える。

先に引用した『コーラン』は、財産のむだ使いをしないことと、人の財産に目をつけて搾取しないようにと教えている。財産のことで一章ができるくらいだから、当時のアラブの世界では、人の財産目当てに策を弄する人が多かったのだろう。現在でも、ひとたび大金を見れば欲が出、その金をなんとか取ろうとする心がまえが見える。

たとえば、ある会社の経理課員が毎日、毎日たくさんの金を見ているうちに、ふと欲が出てその金を持って逃亡してしまった、という事件が起こった。しかし、その会社の社長は少しも騒がず、カイロ市内の自動車会社に電話をし、これこれこういう恰好をした男が自動車を買いに来たら知らせてくれと言った。また一方では、大きな不動産会社に連絡をし、もしこれこれこういう男がフラットを買いに来たら連絡してくれと言ったという。それから数時間後、自動車販売会社と不動産会社の両方から、そういう人が来たという知らせを受けた。すなわち、その男は自動車と自分の家が欲しいために金をくすねてしまったのだという。結局、その男は警察に捕まり、すべての金を取りあげられた。その男が捕まるまでに使った金は、なんと日本円にして二〇〇〇円にも満たなかった。警察の取り調べで、その男はお茶を飲み、サンドイッチを食べて、タクシーに乗っただけだと言ったという。

きっと、この経理課員は、毎日、金をいつ盗もうか、いつ盗もうかという欲と、どうせ金を取っても、すぐ捕まってしまうという認識との間で闘っていたのだろう。そういうことから、アラブ諸国の店屋のキャッシャーは、ほとんどが店の主人である。デパートのように、たくさんの売り場がある場合には、たいへん複雑なやり方でキャッシャーを決めているらしい。

『コーラン』（二章の二一五節）では、次のようにいう。

金の使い方について、彼らは汝に尋ねるだろう。答えてやれ、「おまえたちが費やすよき金は、両親、近親、孤児、貧者および旅人のためである。おまえたちの善行はすべて、神これをよく知りたもう」、と。

アラブ人のパターンは、二つに分けられよう。いわゆる金持ちというのはとてつもない金持ちで、石油ブームにわくアラブの金持ちは、ロンドンやパリ、ローマ、ニューヨークなどで、高級ホテルに一年中泊まり、毎日ギャンブルや酒、女に明け暮れているという。しかし、そのような人たちはほんの少しで、大多数はその国に定住し、われわれと同じように、いや、もう少し貧しい日々を送っているといっても過言ではないだろう。彼らの望みは家を持ち、自動車を持ち、カラー・テレビを持つことだが、自分の満足心を得るにはまだまだ不足した状態だ。だから『コーラン』に書いてあるように、みなしごや貧しい人や旅人たちのために金を使うことは、なかなかむずかしい。

しかしアラブ人の間では、富める者が貧しい人に喜捨《きしゃ》をすることは大切なことである。そのため、「ザカート」という、信者が守らなければならない喜捨の義務がある。だから、街を歩いていて、貧しい人や身体が悪い人たちを見ると、そっと小銭を与えている人を、よく見かける。その与え方は決してさげすむのではなく、もっとしなければならないのにこれで御免《ごめん》、という気持ちが満ちていることは確かである。

われわれ外国人が見ると、どうも物もらいとか乞食といったイメージが心にひっかかり、物乞いなどをするよりも、きちんとした生活をすればいいのにとか、ちゃんと仕事につけばいいのにという感じを抱くが、物乞いをしている者からすれば、ヘタな仕事をするよりも、物乞いをして生活してゆくほうがどんなにいいかと思っているに違いない。乞食は三日もやるとやめられない、ということわざが日本にはあるが、アラブ人も、きっとそう思っているのだろう。

もっとも、物乞いたちの感覚からすれば、人に物を乞うことは、自分の尊厳性や誇りを捨てることである。その尊厳や誇りを捨てて受けるものが、単に金銭であることが救いなのかもしれない。昔の日本で、〝命売ります〟、と看板をぶら下げて武士が金をもらい歩いたという話が伝わっているが、アラブ圏では、たかがお金をもらうのに命などは決して売らない。

実際、一定の収入のある中産階級の人は、一年のうち二回のお祭りの、断食明けの小祭、巡礼月の大祭の日には、羊を殺して、近所の貧しい人に配ったり、たくさんの菓子を作って恵まれない人に施す。また、余った洋服や小さくなった子供の服などを貧しい人に配ることは、今でも行なわれ、貧しい人々もなんの抵抗もなくそれを受け入れている。そこには、日本にあるような貧しい人間に対する侮蔑的な態度や雰囲気は、何も残ってはいない。

貧しさというものは果たして悪いものだろうか、とアラブにいると考えさせられる。貧しい人々は、今日の糧もない。しかし、ふとその日は過ぎてゆく。なぜならば、食べられない人には神の恵みがあり、富んだ人間が、たとえパンでも、たとえチーズだけでも恵んでやる自然のめぐり合わせがあるからだろう。

しかし、生活の近代化やニュース伝達のスピード化によって、人々の考えもしだいに変わってゆき、みんな貧しさに我慢がしきれなくなってきたことも事実である。この数十年間カイロに住んでいて感じたのは、昔はバスの運転手は、平気で一生バスの運転手をしているような顔をし、その洋服がたとえボロボロでも、恥ずかしそうな顔はいっさいしていなかった、ということだ。ところが、最近ではバスがきれいになり、乗る人々が服装のよさを見せつけるようになり、バスの運転手までが制服を要求したり、もっと出世しようと考えるようになったという。

■利息をとるのは御法度？

イスラムにおける金銭に関する規定の中で特徴的なものとして、利息をとってはならぬ、という教えがある。これも、『コーラン』（二章の二七五節）の中にある。

利息を食う人々は、サタンにとりつかれて打ち倒された者のような起きあがり方しかできない。というのは、彼らが、「商売も、利息をとるのと同じではないか」などと言うからである。神は商売を許し、利息をとるのを禁じたもうた。主よりの戒めに接してこれをやめる者には、それまでの分はそのまま与えられる。

まことに不思議なことだが、イスラムでは利息をとってはならぬ、という。だから、比較的お金の貸し借りが喜ばれない。また、お金を貸して利息をとらないことは、近代的な社会のルールとしては、非常に不適当なため、人々は、なんとかこれをすり抜けるようにと悪知恵をめぐらす。それゆえ、彼らはお金を貸すことを嫌うポーズをとり、利息という言葉を使わず、違う方法で利息に相当するものを受けとっているといわれている。

では、実際の生活の中で、彼らは本当に利息をとらないのだろうか。私の経験によれば、むしろ先進諸国よりも、もっと高い利息をとっている。ただそれを公にしないだけだ。あたかもお酒を飲んではならぬという教えの中にいながら、家の中に入り、部屋に鍵をかけ、ベッドの下でウィスキーを飲むイスラム教徒がいることと同じかもしれない。

銀行に預金すれば、必ず利息がつくし、銀行からお金を借りれば利息をとられる。カイロにあるサウジアラビアの銀行の支店とお金の貸し借りについて話をしたときに、その銀行はお金を貸しても利息はとらないと言っていた。しかし、実際にお金を借りるときになって、実は利息ではなく、他の方法で利息に値するものをとられた、と言っていたエジプト人がいた。

その利息の率は、聞いてみると、日本の貸し付け利息に比べるとずっと高いと感じたほどだ。だが、ふつう、預金に加入すれば銀行は利息を付けてくれる。利息をとらないほうがかえって不自然だともいえる。

この利息については、前述の「二章の二七五節」に続いて、『コーラン』(二章の二七六、二七八節)では次のようにいわれている。

神は利息を無に帰したもう。しかし施しには利息をつけて返したもう。神はすべて罪ぶかい無信仰者を好かれない。

信じて諸善を行ない、礼拝の務めを守り、喜捨を行なう人々には、主の報酬があり、恐れもなく、また悲しみもない。

つまり、利息を徹底的に廃しているというより、持ち過ぎをいましめているというべきだろう。お金を貸すことは、すなわちお金に余分があるということであり、その余分なお金はいろいろな善行に使え、と啓示しているといえよう。

貧富に対するアラブ人の考え方は、非常に単純である。富は神からの御ほうびであり、貧しき者は、神にまだ納得してもらっていないということである。元来貧しい者はよく働き、その働きが人のためになれば神に認められ、報われるという図式がある。だから、『千夜一夜物語』などに出てくるアリババと盗賊の話などで、突然アリババが大金を手にするのは、ふだんからの実直さとその努力が認められ、一気に大金を手にする機会に恵まれたという図式が、一つの寓話になっているのである。欲をもって働いたり、欲をもって人生を送ったりしてはならぬということが、その中で十分にいわれているのだ。

したがって、よこしまな気持ちをもち、人の金品を狙う盗族などは、決して許されぬはずだが、初期のイスラム、とくに、ジャーヒリーヤから原始イスラムの時代には、アラブの主要な職業といえば、オアシスとオアシスとを結ぶ隊商を襲い、その金品を奪うことにあった。だからこそ、人の物をとったり、働かずに利益をうもうとするのは断じていけないという戒めが『コーラン』の中には、多々見られるのだろう。

商人であった預言者ムハンマドは、そういった危機に何回もさらされながらも、知恵と機知と体力をもって克服してきたのだから。

金銭感覚の中で、もう一つおもしろいのは、『コーラン』の中に何度もでてくる遺産相続、およびその遺産分配に対する感覚である。遺産の相続と分配については、非常に細かく書いてあり、たとえば男の子は女の子の二人分をもらうとか、女の子が二人以上いるなら女たちは遺産の三分の二をもらうとか、亡くなった者に両親がいれば両親はその遺産の六分の一ずつをもらうとか、両親がその相続人となる場合には遺産の三分の一が母親のものになるなど、細かく遺産の相続分が定められている。

この方法は、今でも残されており、遺産が一部の人間に集中しないような知恵は七世紀から行なわれていた。また、この取り決めの上に、遺産を相続させたい者がいるときは遺言という形を認め、その遺言によって、特定の人間にその三分の一を与えることを認めているのも興味がある。さらに、遺産の中から、借財がまず第一に清算されるということが、はっきりと明記されている。

■〝ケチ〟のアラビア・ジョーク

アラブの一つの風習に「バクシーシ」(チップ)がある。もっとも、このバクシーシの起源は、アラビアではなく、インドの風習がアラブに伝わったのだ、ということである。しかし、いたるところでバクシーシは花盛りである。バクシーシにまつわるおもしろいジョークがあるので、紹介しておく(『アラブジョーク集』、牟田口義郎編著、塙治夫訳)。

『ある田舎者がカイロの高級レストランに入り、上等な料理を食べた。勘定を払い終えてから、給仕へのバクシーシとして五ピアストルを皿の上に置いた。それを見た給仕は腹をたて、田舎者に教訓を与えてやろうと思った。そこで、給仕は五ピアストルをさげすむようにながめてからポケットに手をつっ込み、五ピアストルを出して皿の上に載せ、どうだというジェスチャーをしてから、プイと向こうに行ってしまった。田舎者は驚いた。だが、彼は給仕の意図を理解できなかったので、手を伸ばして一〇ピアストルをとり、自分のポケットにつっ込みながらうそぶいた。

「こんなことなら一ポンドを皿の上に置けばよかった」』。

このほかにも、バクシーシにまつわる話はたくさんある。このバクシーシは、チップを払うことに慣れていないわれわれ日本人にとっては面くらう風習である。しかし、ともかくアラブ圏にいる場合、いつも小銭をチャラチャラと持っていて、何か買っても、車に乗っても、食事をしても、このバクシーシをたえず考えていなければならない。ヘタをすると、思わぬところでたくさんのお金を取られてしまうこともある。バクシーシと並んでよくいわれるのは、アラブ人はたいへんケチだ、ということだ。大金持ちのアラブ人ですら、われわれの思いもよらぬほどケチだといわれている。それについてのジョークも、またたくさんある。たとえば、

『ハッサンは、家族のために貯金をしなければ、と考えた。その日、彼は勤めからクタクタになって帰宅して、妻に言った。

「一〇ピアストル節約したよ。電車に乗らずにその後を駈けてきたんだ」

「あら、それならタクシーの後を駈けてくれば二五ピアストル節約できたのに」』。

もう一つ。

『老人が洋服屋に入っていった。

「わしはマハムードの父親だが、息子が四年前にこの店で洋服を仕立ててもらい、まだ、代金を払っていないというのは本当ですかな」

洋服屋は、もみ手をしながら言った。

「そうなんですよ。あなたが息子さんの借金を払ってくれますんで」

「いやあな、息子と同じ条件でな、わしにも一着仕立ててくださらんか」』。

もう一つ。

『店の主人がおかみに言った。

「今日は、隣の店で品物を買わんほうがいいな」

「どうしてなの、ハッサン」

「わしの店の秤《はかり》を借りていったんだ」』。

こういったケチに関するジョークを集めていればきりがない。実際、アラブ人はジョークが好きだ。とりわけ政治のジョークとケチのジョーク、そして男と女のジョークを、〝カホア〟と呼ばれるコーヒー・ショップの店先で水タバコをプカプカさせながら、暇にまかせて世間話の合い間に飛び交わせている。実際、あれでよく食っていけるなあと思うが、カイロの店先、リアドの街角、ベイルートのコーヒー・ショップなどでいつも見かける情景である。

■アラブ人にまともに向かったら、勝ち目はない

日本人に限らずヨーロッパ人も、アラブでの仕事や生活には、とまどいと摩擦を感じるようだ。たとえば、ハマディ著『アラブ人の気質と性格』という本の中には次のように書

かれている。

ヨーロッパ人とアラブ人の間に起こる気まずい感情は、次の例にみることができる。アラブ人は、個人対個人の打てば響くような関係を好む。彼らは、自分が特別として扱われることを望み、規則などは自分の目的にそって拡大解釈されることを期待している。アラブ人は主観的で、自分がえこひいきされていると思いたがり、個人的な関係を求める。これに対し西洋人は客観的であることにつとめ、すべての人が公正、平等に扱われることを望む。そして、心から法の厳正な適用と普遍性を期待する。

以上のような結果、アラブ人と外国人の間には心の摩擦が起きる。アラブ人は個人的な関心を払ってもらえないことに憤慨し、外国人は情実主義に悩まされる。これは現在でも、アラブ圏での仕事の大きな障害となっているが、アラブ人社会に永く住んでいる日本人のなかには、まったくアラブ化してしまって、この方法を非常に重要視する人も多い。アラブ人は当然、外国人が、自分たちのこのような情実主義のなかにいないことを予期している。だからかえって、日本人がアラブ人と同じ反応を示すと、彼らは、はじめは喜ぶ。しかし、そのうちに危惧しはじめる。そして、その危惧は次第に疑惑に変わり、その疑惑がものごとを、いっそう複雑にする。

　また、この特徴を拡大解釈し、誇張して、アラブと日本の間にたって〝インターメディエーター〟となる、いわゆる〝アラブ・ゴロ〟と称される人々がいる。彼らはアラブ人のこの特徴を強く誇張し、たとえば日本の企業や政治家やジャーナリストに、「私はサウジアラビアの王室の何々王子と深いつながりがある」とか、「私と故ファイサル国王とは友人関係だ」とか、「私とヨルダンのフセイン国王は兄弟も同じだ」、と言って売り込む。もともと日本人の頭のなかには、うすうすと、「アラブはひとすじなわではゆかない」「コネがなくてはだめだ」など、潜在的な理解があるから、安易にその話にだまされ、次第に深みにはまり込んでゆく。なかには、「アラブ首長国連邦のシェイクと深いつながりがあるので、利権をとってあげる」などと言われて、だまされた会社もある。また、オイルショック当時「ヤマニ石油相と話をさせてあげるから、いくらいくらよこせ」と言われたというような話は、東京で毎日数十、数百と飛び交わされている。まさしく、東京はアラブ出張所ともいえるようなありさまである。

　実際、アラブ人に正面から立ち向かえば、なかなか勝ち目がない。自分をいかに売り込み、自分だけをみんなよりいかに優遇してもらうかを考えることが重要だ。バスやタクシーに乗るときから始まって、食堂で食事をするとき、果てはパスポートの申請からビザの取得まで、ありとあらゆるところに彼らのこの抜け目ない性格は発揮される。対応するアラブ人のほうでは、知り合いの者をとくに優遇したり、また、推薦のある者や、あとでみかえりのありそうな者などを特別に扱う。このこと自体は、日本やヨーロッパでも行なわれていることだが、アラブに行くと、まざまざとその弊害が目につく。二十年余もアラブにいると、こういう日常生活の中から、かえってそれを反面教師として、どんなにわりをくっても正当にやってみようという気持ちが芽ばえ、それが強固になっている。

もっとも、アラブが、日本のように、みんなが平等で公正で、バス停でも順番に並ぶ秩序ある世界だったら、私などはみんなより早く乗り、みんなの間をいち早くすりぬけて改札をくぐりぬけ、ドアが閉まりそうなところをとび乗り、入れないときにはぎゅうぎゅう押してでも乗っていただろう。また、区役所の窓口でもみんなよりもずるをし、あらゆるところで裏を使い、といった人間のおぞましさを発揮したかもしれない。しかし、現実にみんながそういう行動をしていると、かえって、人間のあさましさが目につき、自分の中に自浄作用ができてしまうのだ。

前述の『アラブ人の気質と性格』の中には、さらに次のように、ヨーロッパ人とアラブ人との差が書かれている。

アラブ人は自分が行き詰まったとき、たいていその原因を外部に求めようとする。彼らは、責任を何かのいけにえの上に転嫁したがる。同様に、概していえば、彼らの攻撃的な精神は自分の内面に向かわず他人に向けられる。相手に怒りを爆発させ、おどしをかけてくるが、それはほとんど口先だけのことで、すぐしぼんでしまうことがままある。アラブ人は、やることよりも口数の方が多い。彼らが計画をたてるとき、おどしをかけるとき、実際にできること以上のものをオーバーに約束する。公の問題に対しては、アラブ人はたやすく興奮するが、持続的な協力、効果的な団結力は見られない。彼らの公共心はまだ未開発で、社会意識も弱い。国家に対する忠誠心はぐらつきがちで、国家指導者との一体感も強いとはいえないだろう。そのうえ統治する者に対しては全般的に不信感がみなぎり、信頼がかけている。

このなかには、いくつかの問題点がある。まず第一に、責任転嫁に関しては、確かに日常的になってしまっている。実際、人間はだれでも責任を自分に帰し、その責任を自分でかぶるのはいやなものだ。たとえば日本の会社制度などでは、責任をとることはすなわち会社を辞める、生きていけないということで、いかに責任をとらないかという方向に進む。だから、合議制とか下の者に決定させるとか、いろいろな手で責任者はその責任を回避する。すなわち、問題が起きてしまったら、責任はとらなければいけないという前提で、責任問題を考えている。したがって、日本の会社ではなかなか物事は決まらないし、万が一、失敗しても、その責任の所在は迷路の中に迷い込んでゆくようにうまく仕組まれている。大きな失敗を除いて、その責任は必ずとると言いながら、いったい誰がとったのか、それを追及することはなかなか難しい。

それに対して、アラブ人は、責任をとると胸をはって言う。しかし、失敗したとき、その責任をとらないようにすませるシステムはまだ開発されていないといえよう。もちろん、自動車をぶつけたときにお金を支払うとか、お手伝いが皿を割ったときにその弁償をする、といった小さなことすら行なわれない。彼らには、だいたい、そういう弁償をする能力がない。能力がないからこそ、人の家で働いているのだし、その低賃金に甘んじているわけなのだ。それだから、彼女らはいかにいいわけをするかに汲々《きゅうきゅう》としている。したがって、こちらのほうとしては、それをにがにがしく思いながらも、まあ仕方がない、しょせん彼らはお金がないのだからと思い、ついつい許してしまう。

しかし、社会的な責任となるとそうはいかない。だから先進国では、その責任をいかにとらずにすますかと神経を使うが、アラブ諸国では、責任が自分のところにまわってくるのがわかるときでも、見栄をはったり、強がりを言って、それを引き受けてしまう。その結果、深く考えずに約束したことが失敗すると、たいへんである。その責任をいかに逃れるかという点に、彼らは汲々とする。

すなわち、殺人をすると死刑になる、だから殺人をしない方法とか、殺人をしても捕まらない方法を考えるのがふつうなのに、彼らは、殺人をしてしまってから、いかにこの殺人が殺人でないかを証明するとか、殺人をしてなぜ悪いのだというようにひらきなおる、といった反応を示すことになってしまうのだ。まかせておけとか、私が責任をとる、といった言葉の九九パーセントは信用できない。物事を頼んだり、物事を一緒に共同してやる場合など、強くその点を念頭においておく必要がある。

■アラブ人の個人主義と部族主義

また、アラブは、個人中心の世界であるせいか、公共ということを考えない。この公共ということと、部族、家族とは別問題で、部族、家族は個の広がりの世界である。これに対して、先進諸国では、公共・社会とは個の広がりの世界であると解釈して、生きている。アラブ人は、公共、国家といった、大きなとても目に見えない、しかも血のつながりも、なんのつながりもない集団を、決して個の広がりの世界とは考えない。部族や家族は自分たちの血がつながっており、また、同じ利益を求めて動いている集団である。

しかし、国家や社会単位では、利益が複雑に錯綜し、その利益もまちまちである。すなわち、自分の世界ではない。その自分の世界でないものに対して彼らはいっさい関心を払わず、むしろ敵対するものとさえ考えている。

たとえば、アラブ人の家に招かれると、家の中は、赤、青、黄色といった原色で飾りたて、金銀の装飾の椅子をおき、壁紙などをはり、とてもきれいである。そのような家には塵ひとつなく、お手伝いやコックが絶え間なくめんどうをみている。しかし、その家を一歩でも外に出ると、そこはもう紙くずやタバコの吸いがらなどであふれ、泥水さえ溜っている。すなわち、その人は自分の塀の中だけに責任を持ち、その外には、いっさい関心を払わないのだ。

それでは、アラブでは、国はいったい何をしているのだろう。いうまでもなく、日本の町がきれいなのは、各地方の公共団体が多大なお金をかけて人を雇い、作業させているからだ。ゴミも組織的に集めているからだ。確かに、アラブの国々でも、役所が失業対策に道路清掃をしている。しかし、自分のうちに帰ればピカピカとみがき、塵ひとつにでも神経をとがらすくせに、公共の仕事となると手を抜く。しかも、その手抜きに対して、税金を支払い、その町をきれいにするため経済的負担をしている通行人は、関心さえ持っていない。そういう無関心の中で、手抜きが容認されてゆき、その賃金の高い安いに関心が集中し、実がなくなってしまう。

いったい政権担当者には、そこまでチェックする余裕があるだろうか。アラブ諸国では、もっとも重大な社会問題、政治問題が山積みされているのだ。だから、公共という観念は、彼らにとってさほど重要でない。もしあるとすれば、ヨーロッパから導入したシステムの一部が、ただ単に受け入れられているにすぎない。しかも、国家に対する忠誠心という面では、もともと部族主義、血族主義であるから、愛国心は薄いといわざるをえない。現在の国家を支配している家や血すじは、必ず、自分の家柄や血すじと対立した存在だと考えている。

国家運営といっても、その権力機構は、ある一族、または、ある血すじの人たちだけで固められている場合がままある。したがって、権力者たちの側近が、花に群がる蝶のように拡大してゆくが、決して、国家全体をのみこむほどにはならない。必然的に、その権力者に対して大きな部族や家族が反抗するようになる。そのような敵対関係とは別に、一般市民、すなわち、大きな力を持つ家系に属さない人たちはどうするかといえば、第一に、無関心をよそおう。第二に、権力というものに対して、潜在的な反抗心、反発心を抱くようになる。

要するにアラブ人は個の世界に生きる。自分をいちばん大切に思い、自分の理想像、自分の名誉、自分の価値観を大事にする。だから、どんな権力者が出てきても、たえずその権力者に反抗する。たとえば、純正ないさぎよい権力者が出ると、いさぎよすぎて融通がきかない、といって反抗し、汚れた権力者が出ると、その汚れをことさらのように責めたてる。

権力の階級構造を非難するアラブ人も多い。なぜなら、自分がその中に組み込まれていないからだ。たとえば、あるエジプトのジャーナリストが権力階級を非難していたとしよう。権力者はどのように対応するか。まず、そのジャーナリストを徹底的に社会的に抹殺する。それができないときは、その男を自分の機構の中に組み込む。おおむね機構というものは大きいから、そういった人間を十分に組み込むことは簡単だ。そうすると、少し利口なジャーナリストは、抵抗することによって自分がその権力機構の中に入り込めると察知する。ジェスチャーばかりの騒ぎだてが起こる要因は、ここにある。

だから、アラブでは、権力者階級に迎合してその中に組み込まれるか、権力者階級に反抗し、その社会からほうり出されるかの二つしかないと考えられる。昔のように、ある集団から離れた場合に、生か死かといった切羽つまった選択を迫られた社会では、個人は忍耐をよぎなくされる。しかし、現在のように権力者階級、というよりも国家権力という巨大な力が幅をきかし、また、反抗したからといってすぐ命をとられる心配がない社会、すなわち、国際的な見識がしっかりし、モラルも高い社会では、権力者に反抗するほうがかえってかっこうよく、たとえその論旨がまちがっていても、権力者に反抗するというそのポーズだけで大衆受けし、何か清純な感じを大衆に与えようと、見栄をはる風潮が出てきた。

■アラブ人の反国家主義

しかし、そういった人間とは別に、潜在的に権力に反抗するアラブ人が、たいへん多い。だから、たとえば、信号を作っても、信号どおりに歩かない。横断歩道の白と黒のまだら模様の上を歩く者は、少ない。横断歩道橋を作れば、わざわざ下を歩き、バス停があれば、そこには並ばず、バスがスピードを落とす曲がり角などに立って、乗り降りする。なぜかといえば、アラブ人は、横断歩道橋の階段をのぼるのがたいへんだとか、バス停まで歩くのがめんどくさいとか、横断歩道まで行くよりも自分の今立っているところが最短距離だ、というあらゆる個人的な利益、個人的な立場でものを考え、解決する気風が身にしみついているからだ。これは彼らの精神のある部分が未発達なためともいえるし、また、そういう社会的価値観を国家が国民に植えつけるには、時間がまだ十分たっていないためともいえよう。

ここでふたたび、『アラブ人の気質と性格』をみてみよう。

アラブ人は、政策の定義づけをすることに熱心だ。前口上をくどくどと述べ、本筋を踏みはずし、内容の詳細な説明を忘れる。そのうえ、アラブ人は言葉の修辞に酔い、話に比喩を多用する。そのため、要点がぼやけてしまう。アメリカ人は、修辞や言語学的な洗練さは時間のムダと考え、自己の思考の曖昧さは不安と不快をつくりだすと思っている。他方アラブ人は、自己の雄弁さをアメリカ人が評価してくれないことに気分を害する。それだけではない。アラブ人は、アメリカ人の率直さを無作法きわまりないと誤解してしまう。また社会生活のなかでも、お互いの行動様式の習慣を知らないことは、アラブ人と外国人との間に不快といらだちをつくりだす原因となる。たとえば、アラブ人は、自分と話し相手との間に体の触れあいを求める。相手の肩をたたき、腕をにぎり、顔をぐっと近よせていく。これとは反対に、一般に西洋人は話し相手との間に一定の距離を保ち、公衆の面前で同性同士が体を触れあうようなことは極端に嫌う。こうして、西洋人は身を引き、アラブ人は乗りだし、双方ともわけのわからぬまま、怒りと不安を感じることになる。

この解釈には、納得しがたい部分もある一方でアラブ人は、なぜ男同士が手をつなぐのか。もちろん、それは親愛の情もあろうが、アラブは、親族ですら敵たりうると、常に考えている人々の集団だからであろう。なまじっかの友好関係、平和関係などは通用しない。そういったものは崩れるもの、かりそめのものと、潜在的にせよ意識的にせよ、彼らはたえず感じているに違いない。だから、男と男が手をつないだり、気の合った友人同士が肩をたたき、チュッチュッとキスなどをしながら、親愛の情を示すのは、自分が相手に敵対していない証拠を示す行為と考えられる。したがって、彼らはやたらと肩をさわったり、手をとりあったりして、挨拶が長いのだ。

たとえば、電話で話をするとき、実際の用件はほんの一、二分で終わるのに、挨拶には五分も一〇分もかけ、相手の健康や仕事の近況、さらに相手のつれあい、親兄弟、おじいさん、親類にいたるまでの健康を気遣う。それは、なんともムダなことと思うだろうが、彼らにとっては大切なのだ。情報をとったり、また、何かその親類縁者に不幸があった場合には、すぐさまその対処を考えるための生活の知恵である。

アラブ人が話をするときは、たいへんジェスチャーが大きい。また、身を乗り出して話をするのは、相手との距離が短ければ短いほど、誤解が少ないと考えているためだ。その態度が、敵対していないという証拠になるからだ。ヨーロッパやアメリカで学問を受けてきたアラブ人のインテリ階級は、この態度を極度に嫌がり、西洋人と同じように身を引き、相手との間に一定の距離を保つことによって、自分が特別なインテリジェンスを持った者と感じ、優越感にひたる。一方、そういう人間を見て、ほかのアラブ人たちは、外来のヨーロッパ文化に毒されてしまった哀れな男とさげすみ、両者に溝ができてしまう。

いずれにせよ、アラブ人とヨーロッパ人との完全な違いは、相手とのつきあいの中で一線を引くか引かないか、その一定の線を引くことによって、お互いの誤解を確認しあいながら一つ一つの仕事をしてゆくか、または、お互いに誤解がなくなるまで近づいてゆくか、といった方法の相違にある。アラブ人は近づけば近づくほど無礼になり、しかも、誤解をはなはだしく大きくしてゆく。最初に会ったときは、謙虚で優しく親切だったアラブの男が、相手と親しくなるにつれて、尊大で、おしつけがましく、自分の意志をあくまでも通そうとする人間になり代わってしまう姿を見る外国人も、多いであろう。そのとき、はじめてアラブ人とつきあうのは難しいと感じるのだ。

こういうと、アラブ人は、たいへん、たちの悪い人間のように見えるが、根は決して悪くない。考えや生活の基盤があまりにも違い、また彼ら自身の近代化が、まだまだ遅れているからだ。反面、アラブ人は、非常に柔軟性に富み、順応性もあり、うわべだけの賛意などが、たいへんうまい。また話をしている最中に、自分の今まで考えていたことや自分の主張を、機知を交えながら、易々と変え、あたかも、それが自分の元々の意見かのようによそおう手腕にたけている。すなわち、自己満足と慰めが、自分というものを否定しないための特別な安全装置になっているのだろう。

このことは、決して、彼らが問題を軽くみていることを意味するのではなく、むしろ、社会的なぎくしゃくをなくし、自分の生き方をスムーズにするための生活の知恵なのである。自分の主張を忘れず、また相手の主張に乗っかった場合でも、あたかも、今まで自分がその主張をしていたかのように、テープレコーダーでもかけていれば、まったく赤面するような方向転換すら彼らは行なう。しかし、そういった中でも、彼らの主張はかなり現実的であり、われわれのように一つのものにこだわる人間から見ると、その柔軟性が非常にうらやましくもある。こういった点は、アラブ人の個を大事にする個人主義、利己主義に由来するのであろう。

すなわち、個がいかに生きるべきか、それが人生で一番重要だ、とアラブ人は考えているからだ。したがって、お互いの利益が一致した場合の個と個の結びつきはたいへん強烈で、その結束力、その力は非常に強力だ。それゆえまた、たとえそれが幻想であっても、ひとたび国家一丸となってひとつの利益を見出したときには、アラブの力はたいへん強い。モスリム・パワーとか、アラブ・パワーなどというものが歴史の中に突如とび出し、それがたいへんな旋風を巻き起こす要因となっている。

しかし、それは長つづきしないことも多い。ある日、その共通の利益というものが幻想であったと気づいたときには、この力はあまりにも、もろく崩れ去る。そして、昨日までその強力なパワーを確信していたヨーロッパの知識人やジャーナリストたちに、なんと評していいかわからないとまどいを与えることもある。そこで、アラブはわからない、ということになってしまうのだ。

アラブ人は、自分の利益が、たとえ、かりそめのものでも、幻想でもいい、利益の予想がついたときには、それについてゆく。しかし、一〇〇年の恋も瞬時にさめるように、ふとそれが自分の利益でないとわかったときには、スッと身を引き、今までとは違う方向へ簡単に歩いていってしまうのだ。そのときには、もういくら呼びとめても、いくらエサをちらつかせても、その人間は二度とふり返ることはない。砂漠のかなたへと消えていってしまうのだ。

このようなアラブ人気質に、アラブ諸国の政権担当者、権力者たちは非常に苦労する。いかに国民を、ある共通の利益に結集させるか、という悩みである。第二次大戦後の三〇年間近くは、イスラエルという共通の敵があったから、アラブは一枚岩のように見えていた。しかし、それが、現在バラバラになってしまった。

だが、今後、イスラエルがアラブ共通の敵だという認識は幻想であると気づくのに、そう時間はかからない。イスラエルと国交を回復しているエジプトの政策が、いかに正しいかということに、やがてアラブ全体が気づくときがくる。人類の幸福は、平和に生活できることであり、その平和を目ざす人間が、アラブの大義によって非難されても、いずれはそちらの方向に進むはずだ。だから、エジプトをアラブからボイコットし、仲間はずれにしているアラブ諸国は、徐々に減っていき、一九八九年五月にはアラブ連盟はエジプトの復帰を認め、一九九〇年には本部を再びカイロにもどした。このことにより、エジプトの政策が正しかったことがアラブ世界で認められたのである。

反面、このことからアラブの団結がいかに矛盾に満ちているかを、痛切に感じているアラブ人も多いに違いない。

ここに、権力者に反抗する方法として、次のようなアラブのジョークがある（『アラブジョーク集』、牟田口義郎編著、塙治夫訳）。

『あるアラブの政治家が精神病院を視察した。入院患者が玄関に整列し、手をふって政治家を迎えたが、ひとりだけ挨拶しない男がいたので、その政治家は院長に聞いた。

「あの男は、なぜ挨拶をしないいんだね」

院長は答えた。

「彼は今日は正気なんです」』。

■本音と建て前の世界

西欧の有名なジャーナリストがアラブの世界は、本音と建て前の壮絶な闘いの世界だ、と述べていた。確かにアラブにいると、本音と建て前がまったく違い、その二律背反的な本音と建て前が、平然と一人の人間の中に同居し、それを使いわけていることがわかる。それは見事なほどだ。こうした本音と建て前の世界では、両義性というか、多様性というか、ケース・バイ・ケースで、同じ人間がいつも結論を変える。そして、その相反する結論をも、自分の中で見事に融合させる。

これはアラブにかぎらず、中洋世界全体に言えることだ。こういった発想は、果てしなく続く砂漠と空の中で、数少ない緑を求めて歩いていた遊牧の時代の、アラブの、またはセムの世界から生まれたのだろう。自然環境が人間を性格づけることは、一般的に起こりうることで、生か死かという中間のない世界に生きつづけたアラブの歴史的な宿命かもしれない。やっとオアシスを見つけ、緑を見つけ、定住したのはいいが、その中で落ちこぼれた人間は、ふたたびその社会から出ていかなければならない。

すなわち、絶対服従か、または追放という世界が、そこには存在するのだ。

アラブ人は、すべての現象や事象を、対立という概念で考えているといえよう。もっとも、イスラムが拡大してゆくときに、「コーランか剣か」といって改宗させたという話が西欧では伝説となっているが、これにはいささか疑問がある。

たとえば、『コーラン』（三九章の三九、四〇節）では次のようにいう。

言え、「おお、わが民よ、おまえたちはかってに振舞っているがよい。私もかってにしよう。いずれおまえたちは思い知るだろう。

いったいだれに恥ずべき懲罰が加えられ、永遠の責め苦が下されるかを」

預言者は布教の当初から、経典の民であるユダヤ教徒とキリスト教徒以外を、イスラム教に帰依させようと努力した。そのために、彼は部族をひきいて、アラビア半島中を遠征した。しかし、この三九章の三九、四〇節にも表われているように、無理やり力ずくで改宗させたのではなく、精神的な脅迫で彼らを帰依させていったと言うべきだ。この節に限らず、三九章、四〇章あたりの啓示には、精神的な脅迫で彼らを入信させた模様が描かれている。

ただ、ヨーロッパ人たちが、イスラム教を「コーランか剣か」という言い方で理解したとすれば、それは、次のような『コーラン』の六〇章八、九節の中の表現を拡大解釈し、捏造したのだ。

神は、宗教上のことでおまえたちに戦いをしかけなかった者や、おまえたちを住まいから追いださなかった者たちに、おまえたちが親切を施し、公平にとりあつかうことを禁じてはおられない。神は、公平な者を愛したもう。

神がおまえたちに禁じたもうのは、ただ宗教上のことでおまえたちと戦った者、おまえたちをその住まいから追いだした者、および、おまえたちの追放に手をかした者、このような手合いとおまえたちが友情を結ぶことである。このような手合いと友情を結ぶ者は不戦者である。

もちろん、ビザンティン帝国をイスラム教が圧倒してゆく過程で、ビザンティンの支配下にあったキリスト教徒たちが、イスラム教を恐れたことはわかる。また、宗教戦争、聖戦（ジハード）などでは、武力行使も必要悪だったし、当時、正義を通すためには力が必要な時代だった。当然、〝コーランか剣か〟というわかりやすい言葉で、イスラム教が表現されるような行為があったと思われるが、それは、決して、イスラム教拡大の過程の中で典型的なパターンではなかったし、『コーラン』の中にも、そのような布教方法は説かれていない。

こうしたアラブ人の建て前と本音といった両義的な考え方は、部族社会の中でも当然生かされている。部族という観念にしても、単なる集団というよりも、むしろ個の重要性を基礎にして考えられている。集団とは個の利益を追求し、大多数の個の利益を代表する集合体だ。しかし、その集合体がどんどん拡大してゆくと、やがて個の利益と一致しなくなる。個の利益が、互いに対立しはじめ、部族内で衝突が起きる。ところが、アラブ人は、この個と集団との対立にしても、建て前と本音を使いわけて、実にその調整をうまく行なう。

アラビア語の中にも、この両義性は著しく反映している。アラビア語は、三つの文字を基本とし、これが複雑な法則のもとで変化し、さまざまな単語がつくられる。すなわち、原則がしっかりとあって、その原則に基づいてあざやかな運用や展開が行なわれるのだ。しかも、その運用は柔軟かつ、非常に多義にわたっている。ところが、その原則をはみだしたものは抹殺されるかというと、決してそうではない。アラブの社会とは、こうしたはみだしたほうにも一つの原則を作り上げて、柔軟に吸収してゆくといった社会なのである。

たとえば、「フスハ」といわれる『コーラン』に使われたアラビア語は、アラブが世界的に拡大してゆくにつれて、それまで数千年も続いた各文化をのみこんでいった。その結果、各文化の言葉とアラビア語との融合が行なわれた。つまり、読み方から語彙《ごい》にいたるまで、各文化は当然影響を受けたわけだ。しかし、ある地域にイスラムが入りこんだ場合、宗教的には比較的早く改宗されても、言葉がアラビア語に統一されるためには、一〇〇年とか二〇〇年という長い年月を要した。その過程でも、各地域の言葉は、完全に抹殺されることなく、取り入れられていった。それらは「アーンミーヤ」と呼ばれ、方言と訳されているが、形而上的な言葉を除けば、日常生活的な言葉は、同じアラブ圏の中でも西と東とでは違い、両者の間では言葉が通じない場合もある。ひとたびフスハと呼ばれる標準語で話すならば、お互いに即座に意思を通じさせることができる。その世界は信仰の世界であり、教義の世界であり、原則の世界である。

■柔よく剛を制す

アラブの社会は柔軟な社会だ。こうした柔軟さや同化力は、アラブ世界が拡大してゆく過程で、異民族や異文化と絶えず接触し、そのたびに、文化的な断絶を体験し、吸収していった結果、身についたといえよう。すなわち、バグダッドやダマスカスといったアラブの中心地には、単なる産物だけでなく、文化の運搬人が多数存在した。また、大遠征に加わる部族は、必ずしもアラビア砂漠に住んでいた遊牧民に限らず、途中からは、農耕民や異民族や、さらにユダヤ教徒やキリスト教徒をもまきこんでいった。アラブは軍団を形成するにあたって、戦争の分け前という集団の利益をちらつかせながら、戦力を拡張していった。

このように、アラブ社会は、柔軟性に富む社会だが、この柔軟性は、他人の考えとか、他人の原則でも、自分が必要と思えばすぐに採用し、それを自分に適したように造りかえる精神といえよう。そして、こういった柔軟な態度が生まれるのは、神という絶対無比なるものを、ユダヤ教徒やキリスト教徒以上に彼らがはっきりと認識しているからだろう。そのうえ、毎日五回ずつ、必ず、「神は偉大で、絶対無比」という言葉を、ミナレット（尖塔）の上から大声で、まわりの集団に訴え、礼拝の場で互いに確認し合うところに彼らの一つの強さが生まれる。

昔は、小集団でも、居住地内にたくさんのモスク（回教寺院）をつくり、そこで彼らは、毎日何回も信仰告白を行なっていた。神という絶対無比なもの以外に原則をもたず、その他のことに関しては、生きてゆくのに都合のいいように、うまく工夫してゆけばよい。そう考えるアラブ人は、その場その場で、一見われわれにはうそ偽りと思えることですら、十分にのみ込んでゆける生活基盤を築いているのだ。それほど、イスラム教はアラブ人の中に強固に根づいている。しかも、あの凶暴なトルコ族さえ、改宗させた。また、石油が立派な武器として使えるのも、イスラムの力があればこそだ。

その一方でアラブ人は、神に関すること、信仰の告白とか、宗教的習慣とかタブーなどの面では、決して自分の気持ちをまげない。時代にも即応せず、原則をまげない。しかし、それは、西欧のジャーナリストがいう、〝イスラムは社会の進歩についてゆけない宗教だ〟、という意味では決してない。最近のアラブ世界の中には、確かに柔軟性を欠いた、硬直化した国家もあるが、それは、イスラム教自体に帰すべきものではない。その証拠に、近世までイスラムの諸都市は、世界の最先端をゆくほど繁栄し、中世ヨーロッパの暗黒の世界に比べれば、実にはなやかな世界であった。

イラクのクウェート侵略によるアラブの分裂とイラク親派の硬直した政策は、アラブの大義にすがりすぎ、建て前と本音とのバランスを失い、その良さを忘れてしまった結果だ。すなわち、バランスを失ってしまった、今のいくつかのアラブ諸国は、近代化が遅れているうえに、イスラムの伝統を忘れてしまったため、あまり得策でない建て前が前面にでてしまい、その建て前のために国家自体が縛られてしまっているのだ。その例としてイラクのクウェート侵略がある。イスラエルに占領地から出てもらう運動を成熟させるために、今回の侵攻があるかのような宣伝は、良識を持ったアラブ人には受け入れられない点をイラクの指導者は本来気づかなければならないのだが、建て前論を兄弟であるアラブ諸国に言いつづけるところに無理がある。そういった例に、イスラエルと国交を持ったエジプトをアラブ諸国が排除した事件がある。そのときもアラブは二つに分裂した。

その一つは、表現的には原則を曲げないが、実際にはそれを個の問題として片づけてしまっている、いわゆる「穏健派」といわれる国々だ。そういう国々は、政治上は断絶していても、人間・社会関係では一切断絶しない。すなわち、飛行機の発着も、人的交流も、また貿易などの商業上の交流も、一切絶たない。こういう姿勢こそ、まさしくアラブの柔軟性であり、両義性であるといえよう。

他方、すべての国々と国交を断絶し、自国にいるエジプト人すべてを追い出し、自国民をエジプトに入国させないといった「強硬な」態度にでた国々は、歴史的にみると、大いなる損失をした。イスラエル一ヵ国すらも力で圧迫できなかった経緯をみれば、自分の仲間さえ敵に追いやってしまうこうした愚行は、アラブの特質ではなく、ただ単に、その指導者の無知によるものだということを、歴史はやがて証明するであろう。しかし、こういった愚行も決して馬鹿にしてはならない。ある時期では、そのような柔軟性を欠いたことも多々あり、それが一つの社会を発展させてゆく原動力になったこともあるからだ。したがって、われわれのアラブ観にも、慎重な態度が必要なのだ。

■誇張と言い訳は、人一倍巧み

アルパタイは、著書『アラブの心』の中で次のようにいっている。

まず第一に、彼らは物事を言葉で表現する場合、その内容よりも言葉そのものに心を動かされ、アラビア語のリズム、韻、音楽性に感情的に魅了されてしまう。これは、彼らが自らの言語に対して極度の誇りと異常なまでの愛情を抱き、言葉が人々の精神の上に絶大な力を及ぼしているというアラブ特有の性格による。つまり、彼らは、言語によって事実を理性的に述べていくのとは反対に、本当に必要なもの、そして重要なものは何かということを、ある程度犠牲にしてまでも、言語による感情的表現を重要視する。そしてその表現における特徴としては、誇張、強調反復などが非常にしばしば現われる。

アラブ人は、ここにも書かれているように、言葉に酔う。言葉に酔うというよりか、言葉を大切にする。男らしさ、女らしさ、人生、すべてが言葉にかかわってくる。喧嘩の場合もそうだ。殴り合いの喧嘩よりも、口喧嘩を大切にする。町角でよく大の男が、取っ組み合わんばかりの姿勢で、ののしり合っているのをみる。しかし、なかなか手をだして取っ組み合わない。数十人の人が集まって、それぞれ双方に分かれ、そして、間に入って、その二人の言葉を聞く。喧嘩にもかかわらず、その言葉には大変すばらしいものがある。まず相手をけなす。罵倒の中にも周到な言葉の準備がなされ、その相手の家系、血筋、親を徐々にけなしてゆく。そして、容姿からその男の仕種、あらゆるものを順番に侮辱してゆく。しかし、相手の男も黙ってはいない。一人が「おまえは六〇の罪を着た者」といえば、「おまえはその倍だ」と言い返す。そうすれば相手はまた、「その倍の倍だ」といった具合だ。すなわち、言葉をもて遊びながら自分の感情を立てているのだ。そして、相手というよりもまわりに集まった野次馬に向かって、この男がいかに軽蔑されるべき人間であるかを、とうとうと述べる。

アラブ人は、なぜこうしたことをするのだろう。彼らにとって、人生とは言葉なのか。彼らは、相手をけなすことによって自讃する。悪口とはだいたいがそういった本質をもっているが、とくに、生命の危険のない現代では、言葉が彼らにとって武力や策略に優先するのかもしれない。そして、真実よりも事実を、おもしろく脚色し、誇張することによって相手は喜ぶ。相手が喜べば、本人は大得意である。ここに、アラブ人のもう一つの型としての誇張、得意、自己礼讃の態度を指摘できよう。

こういうときには彼らは、韻をふんだり、文法上の強調形式を上手に使って言葉を駆使する。また、口語の世界にわざわざ文語をもってくる。『コーラン』の言葉の中から、神と自分とのかかわり合いを強く訴える言葉を引用してくる。そして、自分の正当性や真実性を強調するために、〝コーランに誓って〟とか、〝神とともに〟とか、〝預言者が同意している〟といった言葉を必ず話のうしろにつける。しかもこうしたやり方は、必ずしも大人だけではなく、子供たちの間でもしばしば使われる。彼らは、肩の触れあい程度のささいな喧嘩のときでも、『コーラン』の言葉や預言者の名前を出す。さらに、子供が勉強しないときにしかる親の言葉にも、『コーラン』の言葉や預言者の名が登場し、子供の言い訳の際にもまたしかりである。この強調と誇張を強いられるコミュニケーションはアラブ世界固有のものであり、われわれ外部のものにとっては、聞いていて非常に疲れる。

たとえば、日本人が雇ったアラブ人のお手伝が皿を割ったとき、そのお手伝が、

「この皿は、運命によって割れることになっていた、こまりましたねえ」

と言ったとする。もちろん、日本人の奥さんは、烈火のごとく怒って言う。

「なんで、あなたは皿を割ったらあやまらないの」

すると、そのお手伝は毅然として、

「何を言うんです。昨日も、一昨日も、一昨々日も、私があなたに雇われてから、一度も

皿を割ったことはないでしょう。だから、私は皿を割ることはない。にもかかわらず、この皿が割れたということは、神のおぼし召しなのです」といって、女主人にくってかかる。彼女にとっては大変ショックである。〝あやまってしまえば済むのに〟、とその奥さんは私にぐちをこぼしていた。サニア・ハマディは、前にふれた著書『アラブ人の気質と性格』の中で次のように言っている。

アラブ人は、話の中に自己の感動、行動などの正当化を示そうとする場合が多く、特に外国人に対しては自己の正当さを訴えるために大声で怒鳴り、興奮し、誇張し、相手をおどし、譴責を加える。これを聞いた外国人は当然、事態は緊迫しているのだな、と受け取る。しかも、その場の空気は、外国人にとって怒りと敵意に満ちているようにみえる。ところが、このようなことはアラブ人が他人と話をするときに、ごくあたり前の方法だということに外国人は気がつかない。アラブは、外国人の静かな対応を対応不足とみなす。このような気付かない製作行程を通って緊張が生まれ、正しいコミュニケーションへの障害ができる。これはすべて、相方がお互いの話し方について無知なことから起きる。もし彼らが話し方の違いを承知していれば、もっと忍耐心をもってその情況に接し、いらだちを感ずることも少なく、相方のコミュニケーションが、言われなき誤解に陥ることもないであろう。…（中略）…

アラブ人が同じことを繰り返したり、誇張したりするのは、単にその人の真意を表明しているにすぎないわけだが、外国人はその強調された点を重視するのかもしれない。他方、西欧人はたとえあっさりとした表現法にせよ、言わんとすることは正確に言うが、この点はアラブ人に理解されない。簡単な同意は、偽善的政治家の拒否と同じようなものとアラブ人は思っている。

このような誇張した表現、他に類をみない自己主張、言葉の遊びは、アラブ人のどういう基本的な性格から生まれてきたのだろう。その点を、ハマディは前書のなかでさらに次のように述べている。

アラブ人の誇張された表現、言葉の遊びは、アラブ人のほかに考えられないほどの感受性から出ている。この敏感な感受性は、たえず自己というものを中心として存在するのが常である。ほんのちょっとした刺激に対しても反発し、その反発が新しい怒りを作り、その怒りが際限なく拡がり、その際限なく拡がった怒りはついつい自制のきかない所まで追いこまれてしまう。この敏感な、敏感すぎるともいわれる感受性は、砂漠の中で、たえず沈黙、忍耐を要求され、じっと耐えている、その間の緊張の良き発散と考えていいのだろう。だから、葬儀に列席した女たちのあの泣き声は、悲しいというよりも、いまにも命をとられてしまいそうな絶叫ともきかれそうなほどの強さをもっている。しかしその敏感な感受性から、誇張された表現、そしてそれが戦闘的とも思われる表現、その果てはどうなるのだろう。やはりイスラームのごとく、平和に大自然の中に収められてしまう。それをあきらめというのか、大自然というものに抗しきれない人間の宿命というのだろうか。アラブの人たちは、また次の感受性を持つまで、じっと砂漠の中に消えていく。

■この世よりも、あの世が大事

〝アラブ人はイスラムの強い影響を受けて、現世にあまり興味がなく、神に対する強い依頼心があるため、あらゆる場合に神の名を唱え、宿命的な人生を送り、そして、神へのあまりにも絶大なる信頼から、無計画、すなわち現世では何もできない〃、と考えている人が多い。しかし、宿命論をいうならば、キリスト教はもっとも宿命論的であり、すべての行為は神の御ままに行なわれていると考え、そのことを摂理と呼んでいる。その宿命論の最たるものが離婚の否定である。ある男女の結婚は、神が宿命的に決めていたことだから、神の命令だ、よって、婚姻関係の解消は許されぬと説く。

だから、使徒パウロなどは、〝なるべくなら、私のように結婚はしないほうがよい。ただ、どうしても我慢できない男は、結婚するのもやむをえないだろう〟、と言っているほどだ。もっとも、古代エジプトでも、人生は宿命論的に考えられていた。すなわち、現世のもろさに比して、来世を永遠不滅なものとみなし、来世では永遠の命が得られると信じていた。この考え方は、古代人だけでなく、この伝統を強く受け継いだユダヤ教、キリスト教のすべてに共通している。

イスラム教の始祖、預言者ムハンマドは、現世にではなく、来世に絶対性を置くユダヤ教やキリスト教と同じ立場に立った。すなわち、一神教の世界は、現世を単なる通過点とみなし、現世でよいことを行なった者のみが、来世において永遠の命、つまり、救いを与えられるという教義を確立した。そして、永遠の命を得、神の御もとにゆける人間になるには、現世でどういうことをしたらいいか、を説くのが一神教の重要な役割となった。もちろん、キリスト教には三位一体の教えがあり、ユダヤ教にもラビと呼ばれる人たちの役割があって、必ずしも、厳密な一神教とはいえない。しかし三位一体の根本には、やはり一つの神という観念があり、また、ラビにしても、彼は、あくまでも絶対神ヤホベの代言者なのだ。すなわち、基本的には、ユダヤ教もキリスト教もイスラム教も、絶対神を置いているのだ。そこで、この唯一絶対な永遠の神という存在の窓口、神を知覚させ、認識させる窓口がだれであったかによって、各宗教が異なるといえよう。すなわち、キリストであり、モーゼであり、預言者ムハンマドだ。

しかし、このような媒介者の相違とは別に、〝現世ではたとえどんなに貧しく、どんなに苦しくとも、来世という違う世界があって、そこでは、現世で正しい行ないをした者のみが救われる〟、という教義はどの宗教にも共通している。もともと、宗教が持つ救いの場は、現世ではなく、来世にある。来世には現世にないすばらしいもの、たとえば、イスラム教でいう「天国」がある。ここには、〝水がとうとうと流れ、蜜がいつでも飲める、乳も飲める。そして、花が咲き、まわりは緑に満ちあふれ、小鳥がさえずり、そこに行けば、現世では禁止されている酒も飲め、食べたいものが食べられる〟と、信じられてきた。

その反面、現世で悪いことをした人間は、地獄に突き落とされる。地獄とは、底なしの沼であり、この沼にはふたがしてあるとされている。そこに落ちると、もう二度とそこから浮かび上がることはできない。これが地獄なのだ。仏教の地獄と同じような発想であると思って間違いない。であるから、現世にあまり重きをおかないという考え方は、長い間、アラブ人の心の中に大きな位置を占めていたようだ。

しかし、だからといって、現世では苦しくていいと考える人はいまい。とくに現代のように科学技術が発達し、快適な暮らしが保証されるようになれば、人々はみなその快適さにあこがれをもち、来世のことは忘れてしまう。誘惑が多くなったのだ。宗教的にみれば、この誘惑は悪魔のさそいであり、われわれを悪に導き、地獄におとす神の試練と考えてもいい。ホメロスの『オデュッセイア』における魔女のごときものが、現代の科学といわれるゆえんだ。人は、だれでも現在の楽を求めるが、つまるところ、この欲望が、とくに、一八世紀後半の産業革命以来、科学の急遠な進歩をうながし、人類に大きな発展をもたらした。その一方では、一見、宗教に反するがごとき、さまざまな神秘が解き明かされてきた。宗教的な立場からみれば、神秘を解き明かすこと自体がまた、悪魔のささやきといえるだろう。こうした中で、もっとも遅れているとみられているイスラム圏、すなわち、中近東、北アフリカの地域で、イスラム教が敢然と根を下ろしているところから、イスラム教は、その地域の進歩・発展を阻害している、と見誤る向きが多い。しかし、果たしてそうであろうか。

中世には、イスラム教は地球上でもっとも進んだ地域だったし、古代では、今、イスラム教が繁栄している地域に、偉大な文化が存在していた。それゆえに、現在のイスラム教徒は、かれらの祖先の文化、その偉大なる古代人の遺産を誇っている。一見遅れているとみられる自分たちの文化に、彼らは恥ずかしさは感じていない。と同時に、文明の担い手は絶えず変わるものだ、という一種の宿命論が彼らの中にはある。それを本当に知っているのが、アラブ人なのだ。

■人にはうそをついても、神にはうそはつくな

商社マンたちは、アラブ人はよくうそをつくという。どんなうそかというと、時間を待ち合わせてもその時間には来ないとか、道を聞いても違う所を教えるとか、約束の期限にお金を支払わないとか、注文したものを簡単にキャンセルするといった類である。アラブ人にとって、いったい、うそはどういう意味をもっているのだろう。

うそについて、『コーラン』（七章の三七節）は次のように述べている。

神に対して嘘《うそ》を捏造《ねつぞう》し、あるいは、みしるしを嘘だとする者より悪い者がどこにあろうか。このような者どもは、予定された運命をたどったのち、ついにはお召しの使者が訪れて、「神をさしおいておまえたちが呼ばわっていた者はどこにいるのか」と尋ねると、「みなわれわれのもとから消え去りました」と言う。自分たちが背信者であったことを、みずから証言するのである。

さらに、七章の四〇、四一節では次のようにいう。

われらのしるしを嘘だとして、これに傲慢な態度を示す者どもには、天の門は開かれない。らくだが針の穴をくぐらないかぎり、彼らが楽園にはいることはない。このようにわれらは、罪を犯す者どもに報いてやる。

彼らにはゲヘナ（地獄）の火の寝床があり、その上には蓋《ふた》がある。このようにわれらは、不義の徒どもに報いてやる。

ここには、彼らのうそに対する考え方が、典型的に語られている。つまり、人間は神に対してうそをついてはならない。神を敬わなくてはならない。神の存在をうそだといってはならない。すなわち、神に対してうそをつかなければ、人間世界でのうそは許されると、『コーラン』のこの節は解釈していいだろう。

アラブとイスラムを、別々に考えた場合、アラブには勇気、寛大さ、気前のよさ、名誉の尊重といった、人間を中心とした理想が多い。一方、イスラム的な理想は、『コーラン』に書かれている神への信仰・信頼、禁欲、運命にまかす心といった理想、すなわち神を中心に置き、人間を神の奴隷とし、神の意のままに動かすことである。すなわち、アラブ的理想は、ジャーヒリーヤ時代からアラビア砂漠で暮らしていた遊牧民や、都市生活者や、オアシスの住人たちの欲や罪に対する、人間中心の倫理観をその根本としている。これに対して、預言者が現われてからは、そういった人間的側面をすべて捨て、ひたすら、神だけを信ずること、すなわち神に対して真実を述べれば、あとは救われるという考え方が生まれた。

この二つの考え方が相容れないことは、だれもが気づくであろう。預言者が経典の民でない遊牧民や農耕民に対してイスラム教を布教していった当初には、大部分の改宗者はそれまでの自分たちの生活観を変えることなく、ただ神という観念だけを受け取ったのだ。したがって、この相反した二つの理想がうまく融合・整理されない状態のまま、イスラム世界は一気に世界的規模にまで拡大してしまったのだ。そこで、われわれ日本人は、名誉や寛大さや勇気を誇り、旅人や異民族にやさしい手を差しのべる一方で、すべての現在の矛盾を神の意志として受け入れたり、うそを言って平然としているアラブ人を見て、愕然としたり、憤りを覚えたりするのだ。

われわれ日本人にすれば、このように、神にうそをつかなければ、あとは許されるという考えは、理解しがたい。しかしながら、アラブ人にとっては人間社会など、しょせんは、やがて過ぎ去るものであり、彼らの最大の関心事は、永遠の命を伝授される来世での神の威力に対する非常な恐れなのだ。

実際、日本の商社マンがよく嘆くほど、アラブ人はずいぶん小さなことでもうそをつく。〝アラブ人は大きなところでは裏切らないが、小さなところではうそをつく〟、とか、〝明らかに、ネタがすぐに割れてしまうようなことでも、平然とうそをつく〟、といわれているくらいだ。しかし、こういった小さなうそに対しても、十分な理解が必要だ。

すなわち、イスラム・アラブの世界では、〝拒否の禁止〟という思想がある。人に物を頼まれたときに、ノーと答えてはならないという礼儀がそれだ。これは、アラブ的な理想である寛大さ、気前のよさを延長した考え方だ。

この寛大さの最たるものが、お世辞だ。われわれ日本人同士なら、それがお世辞かそうでないかはつぶさにわかるが、言葉も習慣もよくわからないアラブ人の言う言葉がお世辞かどうか、なかなか判断をつけにくい。

だから、アラブ人のお世辞によくひっかかってしまう。その結果、時として、アラブ人はうそつきだと早合点する。元来、アラブ人同士でも、この種のお世辞は多々見られる。実際、心にもないことを、目の前に相手がいると、平気で言う。それが、〝あなたは美しい〟とか、〝このものはいい〟〝すばらしい家だ〟〝いい着物を着ている〟など、たわいのないことならばまだいいが、実践を要することだとたいへんだ。〝何々をしてください〟、と頼まれたときに、アラブ人は二つ返事で承知するが、それをまったく果たさない。〝一生懸命やったのですが、結果はだめでした〟、と簡単にうそで片づけられてしまう。アラブ人ですら、アラブ人にだまされるくらいだから、日本人にいたってはこのてのだましは簡単だ。

そのうえ、日本人の中には、非常にていねいに、もっともらしく言われた言い訳に、ころっとだまされる人も多い。もちろん、あまりの言い訳のまずさに、うそがわかって、烈火のごとく怒る人間もいるが、ほとんどの場合は、アラブ人のほうが言い訳上手であり、言い訳のできないときには逃げてしまう。数日、数ヵ月、数年たてば、そのことはもう時効になる。すなわち、自然がそれを風化させる、と彼らは、観念的に知っているのだ。だから反面、砂漠の人たちには、そのうらみを数年でも数十年でも持ち続けるエネルギーがあるのだ。

こうした寛大さ、気前のよさから生まれるお世辞は、反対に、砂漠の世界で相手に拒否的行動を取ったときには、敵対することを意味する。弱者は、拒否がどういう結果を招くか、よく知っている。仕返しが非常に恐ろしいのだ。砂漠では、敵か味方かという基準しかない。ある強力な人間から物を依頼されて、それを拒否することは、まさしく、その人間の敵になることを意味し、そこには、死が待っている。だから、弱者に残された選択は、死か逃亡か、二つに一つとなる。こうなると、とりあえず相手の目の前から逃げることが第一だ。こうならないためには、決して、相手に敵対していないことを示さなければならない。

もちろん、このような類の死は、イスラム教が興った当初の頃のことで、文明化した現代では皆無といえようが、それにしても、警察もあり、世間の目もうるさい今のカイロで、まだその伝統が続いているのはどうしてだろう。昔のように、死と隣あわせで生きることのない現代でも、昔の死と同じような価値をもつ陰口、悪口が、そこでは平然とまかり通っているのだ。すなわち、商人であればお客を失うような、官僚であれば地位を失うような悪口を、アラブ人は平気で言う。社会的抹殺という、当然どこの社会でも行なわれている仕返しさえ、彼らは意に介していないのだ。しかし、それだからこそ、アラブ人はとびきり上等な言い訳を工夫し、洗練させるのだ。そこに知恵を働かすのだ。

こういう話をすると、日本人は、そんなところに知恵を働かせるくらいなら、何か別のことに努力を払い、知恵を働かせたほうがより建設的だ、と思うかもしれない。しかし、彼らの頭の中には、現世に対して建設的な知恵を働かせるよりも、来世のほうがはるかに重要だという考えがあるのだ。したがって、この世では、〝どうせ断われないものならば、軽く受け流し、そして何もせずに言い訳をちょっと考え、ある間隔をおいて、うまく返答して済ませよう、このほうがうんと楽だ〟と彼らは判断しているのだ。

もっとも、インテリ階級や実業家の中には、このようなアラブ人の大半の風潮を嘆き悲しみ、ののしり、罵倒する人々もいるにはいる。だが、多勢に無勢で、憤りをもった人たちも、やがて、だんだんあきらめてくる。そうして、その極致は、まさしく「マーリッシユ」（私には関係ない、ごめん、などの意）という表現に集約されるのだ。

■アラブ人の接待には、用心が肝心

アラブにいると、アラブ式もてなしというものに、強い印象を受ける。アラブ式接待というのだろうか、アラブ人は、〝旅人を大切にせよ〟と『コーラン』で教えられているとおり、外部の人間を非常に大切にもてなす。たとえば、「血のもてなし」といわれるものがある。客が訪問した場合、あらゆる物を出し、なんのもてなしもできないほど貧しいときは、ラクダの血管を裂いて、その血を客の前に出すといわれている。また、砂漠の民がその寛大さを誇示するために、夜旅をする者への道しるべとして、火を、一夜中、たいておくことを、「もてなしの火」と呼んでいる（ヌール・アル＝キーラ）。

アラブに行くと、〝私の家に寄りなさい〟〝お茶をどうぞ〟など、外国人や旅人に対する接待の仕方は、日本やヨーロッパでは考えられないほど熱心だ。外国人であれば、それを受けても、のちのちまで悪口など言われることはないが、アラブ人同士では、そういった歓待を真に受けて、ひとたびお茶を飲めば一〇年、食事などをごちそうになれば、一生悪口を言われ、泊ったりすれば、孫の代まで悪口を言われる。一度目の接待の言葉は断わり、二度目も断わり、三度目に断わっても、なおかつ相手が勧めた場合にのみ、〝御食事を〟と言われたら、お茶を飲んで帰るのが相手に対する礼儀とされている。

このように、アラブ人のもてなしには、かなり屈折したむずかしい対処が要求される。表向きと裏とを考えることが必要だ。言っていることと、考えていることが両極端なのだ。とはいっても、農村地帯や砂漠のベドウィンの村落などに行ってみると、実に手厚いもてなしを受ける。たとえば、われわれ旅人を見ると、向こうから寄ってきて、どうぞお寄りくださいという。決して裕福とは思えない農家などでも、その家には似つかわしくないほどの大接待をする。貧しい者でも、その家のすべてをあげてもてなす。そうした気前のよさは、『コーラン』の「気前がよければ、必ずアッラーの御加護があるだろう」、という教えに起因するのかもしれない。あるいは、不安定な自然の中で旅を続ける者への寛大さによるのかもしれない。

ハマディの『アラブ人の気質と性格』によれば、このもてなしには、必ず、一つを与えられれば一つを返すという「返礼の義務」がある。だから、相手が旅人でない場合、たとえば親戚や縁者や友人の場合には、もてなしを受けたら、必ず相手にもてなしの礼を返さなければならない。したがって、相手がもてなしの礼を返すだけの力がない場合は、必要以上のもてなしを出すと、それはもてなしではなく喜捨になり、上下関係ができ、もてなしの本質からはずれてしまう。食事をとらせ、贈り物を与え、援助の手を差し伸べても、相手がそのうめあわせのできる立場になければ、相手の反感を買ってしまう。相手に貸しを作っても、相手は返すことができないからだ。それゆえ、返しのできない人々は受け取りを拒否する。その場合の気前のよさは、マイナスの効果でしかない。

このように、アラブ人のもてなしには、当然のことながら、相互関係がある。さらに、アラブ人のもてなしを、われわれはよく勘違いし、お互いが傷つき合うこともしばしばだ。たとえば、アラブ人は、面子《めんつ》を重んじて相手を精一杯もてなすとき、それは、ただ単に、相手への好意を考えているのではなく、心の中では、返礼を期待しているのだ。にもかかわらず、われわれ日本人は人がいいというか、そのまま真に受けて〝ありがとう〟と言ったきりで、立ち去ってしまう。そういう場合、返礼をもらわなかったアラブ人の心の中には、怒りとくやしさと虚脱感が残り、〝この次は倍にして違う者から取り返そう〟という気持ちが働くのだ。

〝アラブ人が、私に、とても親切にしてくれた〟と手放しで喜んで、自慢話をする日本人がいるが、しかし、その相手のアラブ人の気持ちを、自慢をした日本人は、まったくわかっていないに違いない。その埋め合わせは、きっとだれか、他の日本人の犠牲のもとで行なわれ、その被害者は、〝アラブ人という奴は、なんとひどい人間だろう。何もしないで、やらずぶったくりだ〟、と怒っているに違いないのだ。このように、アラブ人のもてなしは、彼ら固有の心情に裏打ちされており、われわれ日本人が、単純にいいとか、悪いとかいえないものなのだ。

アラブ人の内向性と、外向性とのくい違いの例として、こちらが何かものを聞くと、必ず彼らが英語のアズ・ユー・ライクを使うことに示される。すなわち、〝どうぞあなたの御勝手に〟という意味だ。たとえば、アラブ人を食事に招待して、〝何を食べますか〟と聞いた場合、相手は〝あなたのお好きなように〟と答える。が、その場合、本当に、わたしのお好きなように、と解釈してはならない。〝まあそう言わず、あなたのお好きなように〟、と言い返さなければならない。このように同じような会話を二度ばかりくり返したうえで、相手は自分の意思を明らかにするのだ。

実際、こういったつきあいの微妙さというか、むずかしさはいたるところに見られる。たとえば非常にのどが乾いて何か飲みたいときに、一緒にいるアラブ人に、〝あなた、冷たいものを飲みますか〟と聞くと、〝いえ、私は結構です〟と相手は答える。正直で人のいい日本人なら、自分だけ飲んでしまうだろう。なぜなら、相手は〝ノー・サンキュー〟だからだ。しかし、この場合のノー・サンキューという言葉は、アラブ人の慎ましさを表現したもので、言いかえれば、〝ええ、私も欲しいのです〟と訳さなければならないのだ。

昔の諺に、〝嫌《いや》よ嫌よは、好きのうち〟というのがあるが、アラブのつきあいの中には、この諺が如実に生きているのだ。だから、〝どうぞ、どうぞ〟という表現の中には、〝どうか来ないでください〟という意味も含まれており、また、何か頼んだときに、〝はい、すぐにやります〟という言葉の中にも、〝とてもできない〟という意思が働いていることを理解しなければならないのだ。しかし、そのへんのタイミングを測ることは、なかなか一朝一夕にはできない。だから、アラブ人とつきあうには最低でも一〇年、なかには、二〇年たっても、なかなか彼らの本心をつかめない人が多い、というのが本当のところだ。

■女をたくさんつくり、力をもつことが、男の名誉

アラブ人ほど名誉について敏感で、しかも、神経質な人たちはいない。名誉はアラビア語で「シャラフ」と呼ばれており、部族社会の結束、維持、運営にとって、たいへん重要な倫理観であった。名誉の種類には男らしさ、地位、戦闘能力、血筋、家柄、経済力、忠

誠心、寛大さなど、いろいろとあるが、その一つ一つの細かい結果が、部族の中での、ある人の価値と生き方を決める、非常に重要な要素となっているのだ。これらの名誉の基準は、ヨーロッパや日本の社会の中にも当然あるが、アラブの名誉観は、われわれとは異なっている。

たとえば、男らしさという点についてみると、アラブでの男らしさの第一は、姿、形、着こなしなどではなく、生殖能力、すなわち、たくさんの子供を持ち、たくさんの女を抱えることだ。その子供にしても、男の子が何人いるか、ということが問題なのだ。たくさんの女を持ち、平等に愛し、その女たちを十分に養っていることが、生殖能力と生活能力とを示す男の一番のポイントなのだ。しかも、女たちは、このような男らしさを求め、男の多少の粗暴さ、無慈悲などには目をつぶる傾向があった。もっとも、エジプトやレバノンなどの近代国家では、男の生殖能力よりも家族、家庭を重視しており、また、女権が非常に強力な都市部の知識人の間では、むしろそういった男らしさを否定する傾向がある。

もともと、地位というのは、家柄や血筋と関係があるものだが、近代的国家になると、血筋や家柄は尊重されなくなる。すなわち、その人間の能力いかんによって、仕事の内容が決まり、その成果によって、ある人は権力機構に入り込み、また、ある人は大商人として出世する。それは、血筋や家柄や仕事の種類が生まれつき決められていた遊牧民の世界から脱した生活者の、当然の成り行きといえよう。革命を起こしたアラブ諸国の中には、軍人の身から、若くして国家元首になった人も少なくない。そうした人たちには、今までの家柄や血筋はまったく意味がなく、その人間の能力一本にかかっていたのだ。

能力という点で、もっとも重視されるのは、力である。この場合の力とは、男としての体力的〝力〟を意味する。当初、アラブでは力がすべてを凌駕していた。元来、男の価値は力にあり、逆らった者を倒すだけの力があれば、その男は、十分に他の人間を率いていくことができた。しかし、文化が発達し、社会構造が複雑になってくると、単に力だけでは人を支配することができない。だからそこには、知恵、策略という次の手段が発生してくる。こうして、武力・腕力偏重の時代が終わり、知恵と策略が横行しだすと、力ある人間と知恵ある人間が、しばしば協力し合って、その社会を治めてゆく。いうまでもなく、力の論理の基本は、相手を倒し、自分が生き残ることにある。他方、知恵の論理の基本は、相手をいかに倒すかにある。まさに、自分の部族内でも、また対外的な部族闘争でも、総合的な能力が要求されるようになったのだ。

他方、金銭感覚が非常に敏感なアラブでは、経済力は、名誉とどのような関係にあるだろう。もともと経済力のない人間は、多数の女も多数の子供も持つことはできない。そこで、経済力よりも、信仰心、徳、知識といった精神面が尊重されるのだ。といっても、実際には、経済力のない人間は人を養うこともできず、他部族と戦うとき、武器を購入したり、人を集めたりすることもできない。それでも、経済力は、名誉という観点からみれば二次的なものにすぎないのだ。

こうしたシャラフ（名誉）の最終目的は、何なのだろう。名誉ある男には、信仰心、徳、知識などの精神面と、他人に対する寛大さが必要だ。そして、これらの要素を備えた者は、ある部族やある集団の長になり、やがては国家の指導者となってゆく。だからこそ男たちは、厳しく育てられるのだ。もっとも、家柄や血筋によって、能力のない者が指導者になる場合もあるが、アラブの歴史をみれば、その者は三世代と続かないということがわかる。

■面子にこだわるのは、日本人と同じ

一方、このシャラフの対極にあるのが、恥である。恥は、面子を重視する集団、閉鎖社会では屈辱である。名誉を守りきれなかった場合、または名誉を持たぬと非難された場合、それはその個人の恥を意味し、面子（ワジュフ）が傷つけられ、その決着を迫られることになる。だから、集団生活の中では、恥の意識のほうが、罪の意識よりはるかに重大であり、罪を負うことは二の次となる。恥をいかにそそぐかに、気を集中させる。すなわち、面子が恥を作りだしているのだ。

面子について、パタイは著書『これがアラブだ』の中で次のように述べている。

恥とは、罪が個人とその良心との間の問題であるのに対し、個人と社会との関係において生ずる意識である。アラブ人が行動を取ろうとするにあたって、またはある種の行為を慎むにあたって、一番気にするのは、人に知れた場合、それによって自分が恥をかくかどうかということである。人がなんと言うだろうかということが、どんな行動をとるかを決めるに際して主たる基準となる。

すなわち、アラブ人は、自分がどう思うかよりも、他人が自分のことをどう思っているか、どう評価するかによって、みずからの行動を決めるのだ。その点は、日本人の行動様式と似かよっていると言えよう。

恥をかかされると、その汚名を晴らすために人を殺すことさえはばからないのが、アラブの世界だ。だから、相手の非難が正当であっても、自分が集団の中で恥をかかされたとなると、その男は恥をかかせた男に挑戦し、殺してしまう。時には、個人対個人ではなく、集団対集団、部族対部族の戦いともなる。他の集団に身内が殺された場合、その集団は他の集団の構成員を殺す。すると、他の集団はふたたびこちらの集団の構成員を、といった果てしない殺し合いを繰り返す。一〇〇年も二〇〇年もそれが続いたという例が、エジプトにはあるくらいだ。これは復讐の論理だ。

実際、アラブ人は、自分の行為や言葉が、他の人間にどう受けとめられているか、自分の行動を他人がどう評価するかという点に最大の関心を払う。そのためには身内や友人に、自分の評価を確かめさせる例も少なくない。そこでいい評判がたてば、たてた人間を快く思い、悪い評判をたてた人間には、その倍の悪い評判をたて、復讐を行なう。こうして、この復讐劇は無限に繰り返され、時には殺人に発展することすらある。

繰り返しとなるが、このような恥と復讐と面子の世界で、なによりも重要な点は、自分の行為がその社会にいかなる利益をもたらすかよりも、自分自身が他にどう取り扱われるか、ということにある。そして、アラブ人の関心はそこに向いている。西欧人や日本人からみれば、実に滑稽である。たとえば、面子を重んずるあまり実際の利益を失ってしまうアラブ人の姿をしばしば見かける。そこで、つまらない面子のために重要な職を失い、家に帰ってすっかりしょげ返っている高慢なエジプト人などを見て、日本人は、力ずくで相手を倒す爽快感を覚えることもある。しかし窮鼠《きゅうそ》猫をかむという論理があるとおり、個人が社会に埋没していると思われがちな近代国家エジプトでさえ、この論理はいまだに通用している。ある日突然、親戚縁者が集団で復讐をしないとはいえない。

アラブ人とつきあうときには、われわれは、この彼らの復讐の論理、面子という観念を忘れてはならない。それを忘れると、いまに、ナイル川とか地中海に日本人の死体が浮くことになる。実際、ヨーロッパの植民地だったときには、そういうことが、多々起こったのだ。

終章　アラブ人とつきあう方法

アラブ人について、アラブについて、これまでいろいろと考えてきたが、それでは〝アラブとはなんだ〟となると、私は言葉につまってしまう。一時立ち消えになったが、また最近、アラブという文字が新聞・雑誌に顔を出さない日はないほどになった。イラクのおかげとでも言うべきか。が、数十年前には、アフリカの一部ぐらいにしか考えられていなかったことも事実だ。

「アラビアのロレンス」と、「ピラミッド」が結びつかなかったのだ。しかし、当時の日本ではこれは、あたりまえのことだった。ところが、今では、六本木のディスコでも、アラブについて語られるようになった。

「わたし、アラビアの王子さまにプロポーズされちゃった」

と、日本の女性が言えば、エジプト人は、

「アラブ人はすべて、アラビアに住んでいて、石油で金持ちで、王子さまばっかりだと思っている日本の女性が多いので、だましやすいのさ」

と、言う。この男は、六本木に行くときは、必ず純白の民族衣装（ガラベーア）に、白い布を頭にかぶり、黒の輪っぱをちょっとのせているそうだ。それに、「アッサラーム・アレイコム」「ショコラン」「インシャーアッラー」などのアラビア語は、東京ではポピュラーだ。ちなみに、エジプトではこういう恰好はしていないが、〝日本の女性は、アラブ人はこういう格好をしないと許してくれないのだ〟、と例の男は嘆いていた。

たしかに、砂漠の向こうにゆらゆらとたつかげろうの中を、足早に、スタスタと現われるアラブの勇者にロマンをみつける日本人にとって、他の恰好ではとても気持ちが乗らないのだろう。

■アラブ世界は、ひとすじ縄ではゆかない

では、アラブとは、アラブ人とはいったい何かを、しっかりと日本人が認識して使っているか、といえば、必ずしもそうではない。アラブは、いったい人種なのだろうか、民族なのだろうか。エジプトとアラブ、シリアとアラブはどう違うのか。そういった疑問を持

ちながら、アラブといわれると、そのまま受け入れているのが日本の現状だ。実際、アラブの概念規定はたいへんむずかしい。みずからアラブと名のる国々は、ティグリス・ユーフラテス川の畔にある、イラク、シリアをはじめ、サウジアラビア、クウェート、カタール、アラブ首長国連邦、オマーン、イエメン、ヨルダン、レバノン、エジプト、スーダン、ソマリア、リビア、チュニジア、アルジェリア、モロッコ、モーリタニアなど、つまり、アラブ連盟の加盟国そしてオブザーバーとして加入している、PLO（パレスチナ解放機構）を含めれば、二十数ヵ国にのぼる。

このような国々が集まったアラブとは、いったい何なのだろう。

欧米のアラブ学研究者の間では、〝アラビア語を慈しみ、その文化遺産をアラブに共通なものと考えるもの、それがアラブである〟とみなされている。

アラブ連盟では、アラブを、「何人であれ、我が父祖の地に住まい、われわれの言葉を話し、我が文化に育まれ、われわれの栄光を誇りとするものは、すべてわれわれアラブの一員である」と憲章で規定している。

他方、バーナード・ルイスは、『アラブの歴史』の中で次のように語っている。

アラビアおよびアラブについて、今日に伝わる最も古くからある説明は、旧約聖書の『創世記』第十章の記述である。そこには、アラビア半島の多くの種族や地域の名が挙げられている。しかし、そこではアラブという言葉は出てこなくて、最初にこの名前が現われるのは、シャルマナサル三世王のアッシリア軍が謀叛を起こした小公子たちを打ち負かしたことを記録した、紀元前八五三年のアッシリア碑文である。…（中略）…その時代から紀元前六世紀にかけてのアッシリアやバビロニアの碑文には、アラビ、アラブ、それにウリビに言及しているものがしばしば見られる。…（中略）…碑文に出てくるアリビというのは、アラビアのずっと北の方、おそらくはシリア＝アラビア砂漠に住む遊牧の民である。…（中略）…南西アラビアの人々は、のちに旧約聖書の書簡でいうアラブ人たちと同一と見ることができよう。紀元前五三〇年頃になると、アルパヤという語がペルシャの楔形文字の文書に現われはじめる。…（中略）…ヘロドトスやその後のギリシア、ラテン作家たちが、アラビアまたはアラブという言葉をアラビア半島全土に、南アラビアの住民まで含めたものまでに拡張し、さらにナイル川と紅海の間のエジプト東部の砂漠地域まで含めてしまったのである。…（中略）…原始イスラムの時代には、イスラム教は純粋にアラブの宗教であり、カリフの地位はアラブの王であり、アラブという語は、アラビア語を話すアラブ部族の子孫たる正真正銘のアラブであり、かつまた、本人か祖先がアラビアの地で生まれている者を意味するようになった。これは大征服事業で支配下に組み込まれたペルシャ人、シリア人、エジプト人、その他の一群の人々からアラブを区別するのに役だち、そのうえ、特に新帝国に編入されながらも改宗を拒んでイスラムの家の外側にいた民族に対立する簡便なレッテルになった。初期の古典アラビア語辞典は、「アラブ」という語について二つの語形を挙げており、アアラーブという語形はベドウィンを意味し、アラブという語源はこれまでに述べてきたような広い意味で用いられる。

B・ルイスが規定しているように、当初、「アラブ」は「都市やオアシスに定住する人」を、「アアラーブ」は「砂漠や荒地を遊牧する人」を意味していた。すなわち、この「アラブ」と「アアラーブ」の概念は、「ハダル」と「バダウィ」という語に置き換えられる。さて、アラブとアアラーブ、すなわち、アラビア半島の住民が、イスラム教を奉じて、半島外へ進出してゆく過程で、これらの語は、混同されるようになった。それは、彼らの植民地経営の方法に原因があったと思われる。というのは、彼らは各外国領にミスル（軍事都市）を建設し、イスラム軍兵士は、原則として、ミスル内に居住し、ミスル外に自由に出ることはできなかった。ここで、「アアラーブ」の兵士も、「アラブ」すなわち、「都市の住人」に変わってしまった。要するに、被征服民から見れば、アラビア半島から来た人々は、全員「アラブ」ということになるのである。
また、アラブを「サラセン」と呼ぶこともある。この言葉は、ギリシア人によって伝えられたもので、もとはシナイ半島に住む部族の名であったという説と、シリアのシャーム地方のことをギリシア古典時代の人々がサラセンと呼んだからだという説がある。その後、ビザンティン帝国を経て中世ヨーロッパになると、アラブのことをサラセンと呼ぶようになった。他方、一四世紀のアラブ史家イブン・ハルドゥーンは『歴史序説』(森本公誠訳)の中で、アラブを次のように規定している。

この時代における主要な階層区分は、宗教的な基準に則していた。様々な小宗教は、宗教的、政治的な共同体として、それぞれ自己の指導者と法の下に組織されていた。大多数の者は、イスラムの共同体、またはイスラムの国家たるウンム・タル＝イスラームに帰属していた。その構成員は、なによりもまず自らをイスラム教徒と自認するものであった。被征服者の間にイスラム信仰が広まるに応じて、アラビア語もまた普及していった。この過程は多数のアラビア人が各地に定着したことにより、また、十世紀以降になると、新興支配者たるトルコ諸族が出現することによって拍車をかけられ、征服者の子孫であろうとアラブ化された諸国民であろうと、共にトルコ人に対しては従属関係に入ったから、両者の区別をすることは意味を失った。西部ペルシアの諸州では、古い民族の言葉が死滅して、アラビア語が重要な話し言葉となった。アッバース朝末期から、アラブという言葉は、かつてのようにベドウィンまたは遊牧民という意味に戻ってしまい、人種的というより社会的な意味を事実上もつ言葉になった。十字軍の年代記では、アラブという言葉はベドウィンという意味だけに使用されており、近東地方のイスラム教徒をサラセンと呼んでいる。

このようにイブン・ハルドゥーンは、ヒラール族やスライム族がチュニジアに攻め込んできたとき、砂漠やオアシスに住む遊牧民の獰猛さとか好戦的性格からアラブをとらえ、このアラブに対して憎しみを抱いていたようだ。

しかし、やがて時を経て、エジプトのナセルが中東に現われると、この「アラブ」が復活する。有史以来アラブは単一のものではなかったのに、ナセルがこれを中近東諸国の統一に利用したのだ。すなわち、ユダヤ(イスラエル)と対抗するすべてのものを、アラブという概念でまとめて、そのエネルギーを結集しようとした。これは、ちょうど中近東諸国が第二次大戦から立ち直る際のナショナリズムとタイミングが合い、あっという間に、中近東、北アフリカに広まってしまった。この汎アラブ主義こそ、アラブを統一するための錦の御旗であり、「アラブの大義」の後楯となって現在にいたっている。だが、これは今では、対ユダヤにのみ使われるのではなく、対ヨーロッパ、対アメリカ、そして日本に対しても、石油という新しい武器に裏うちされて有効に作用しているのだ。その意味で、ナセルのアイデアはすばらしかったといえよう。

アラブの悪口に、〝アラブは一枚岩ではない、バラバラだ〟、という意見もあるが、もとはといえば、今まで述べてきたように、ひとつのものがバラバラになったのではなく、バラバラのものが、カリスマ・ナセルのアイデアという透明の接着剤でくっついているのだから、ひとつにみえたり、バラバラにみえたりするのだ。そこで、「アラブ」の規定がいかに柔軟であるか、その例を、ここでいくつかあげてみよう。

エジプトでは、すべての人がアラブ人だと思っていない。農民は「ファッラーハ」といわれている。自分はアラブ人だという人は、政治的な立場にある人か、砂漠に住んでいる人に限られている。しかし、国民全体としてはアラブ共和国の国民だという自覚をもっている。国民の大半を占めるファッラーハが「あの人はアラブ人だから」というとき、相手のアラブ人に対して定住していないという意味で「蔑視」することもあれば、「尊敬」を抱くこともある。アラブを尊敬語として使った場合は、あのアラビア砂漠の勇者、アラブの子孫だからというニュアンスだ。

しかし、一方、サウジアラビアのメッカでは、メッカの住民をアラブと呼び、砂漠の遊牧民をバダウィと呼んでいる。その場合のアラブは「都市の人」という意味だが、前述したアラブの語源たる「アラブ」と「アアラーブ」との対立が、ここでは未だに生きているのだ。またアルジェリアでは、ベルベル族とアラブという対立構造が今でも残っている。アルジェやオランといった町の住人を、砂漠で暮らすベルベル人たちは「アラブ」と呼び、アラブ人たちのほうでは、八～九世紀にこの地を征服したアラブの子孫として、みずからを誇り、ベルベル人を差別する。「アラブ」という言葉が、その起源を離れて、ひとり歩きをしている例であろう。

日本人は、アラブをどのようにとらえたらよいか、これは非常にむずかしい問題だ。しかしそれには、何よりもまず、アラブという言葉のもつ複雑な意味と現実を理解することが先決であろう。あるときには、「アラブ」とは「砂漠のベドウィン」を、あるときは「都市の人」を、また、あるときは「文化をになう人間」とか、「イスラム教」を、といった広い意味をもっていることを知っておくべきだ。アラブは、とてもひとすじ縄では、ゆかないといいえよう。

板垣雄三氏は、『中東ハンドブック』の中で、次のように言っている。

パレスチナ人のみならず、中東の人々は多かれ少なかれ、複合的なアイデンティティ構造をそれぞれにかかえていて、自分が何者であるかを状況の中で主体的に選択するようにたえず迫られているのである。一人のあるレバノン人は、たとえばアラブ、レバノン人、キリスト教徒、マロン派キリスト教徒、シリア人、ヘニキア人の子孫、アメリカ大学卒業生等々のカードの使い分けを余儀なくされている。一人のエジプト人が、自分をエジプト人だと自覚するか、アラブ人だと自覚するか、イスラム教徒だと自覚するかによって、彼の行動とその意味は大きく変ることになる。

■アラブ人とつきあうための十ヵ条

日本がアラブなしで暮らしていくことは、ここしばらくは考えられない。そこで、最後にアラブとつきあうことは、いったいどういうことなのかを考えてみたい。単に油をもらうこと、または技術援助を与えることだけではないはずだ。エジプトに対しては、スエズ運河の掘削や、電話局、病院など、日本は技術協力はむろんのこと、経済的な援助を今なお行なっている。

そこで、私の長年のアラブ暮らしから気がついた点をここでいくつか述べてみよう。アラブと仕事をするということは、すなわちアラブ人と接触することだから、アラブ人をどれだけ深く知るかが決め手となる。

第一に、アラブ人とつきあう場合、いちばん重要なのはしつこさである。当然わかっていそうなことでも、繰り返して言うことが必要だ。相手の言っていることをまず疑い、相手はまったくわかってくれないものとして、かかることだ。もっとも、これは、相手を信用するかどうかという問題ではない。いろいろな角度から当の問題を、相手と、何回も何回も繰り返し討論し、誤解を事前に極力少なくしておくよう努力することだ。この何回も何回もというしつこさ、それこそ、まさしくアラブ人と仕事をするにあたって、肝に銘じておかねばならない重要なことだ。とくに、それは、〝仕事を始める前〟にしておかねばならない。〝これは、相手もわかっているだろう〟とか、〝このことは、向こうも理解しているだろう〟などとは、いっさい考えてはならない。たとえば、会合の支払いから電車賃にいたるまで、お互いに細かくとり決めておかねばならない。〝これはこちらが払って、あれはあちらが払う〟と自分勝手に思い込むと、向こうは、全部こちらが払うと思い込んでいる。そのへんのギャップは、あとになってからではとり返しがつかず、また、お互いの不信感が一度できあがってしまうと、それをもとの状態にもどすのは、非常に難しい。日本人のようには、簡単に手打ちできない。そのいい例は、アラブ・ボイコットである。たとえ、まちがってでも、リストに載せられてしまったら、それをとり除くことは至難である。

第二に、われわれの世界の正邪基準で判断してはいけない。たとえば、刻限に遅れるな、ウソをついてはならぬ、約束を守れ、などわれわれの生活基準では当然なことでも、アラブ人には押しつけてはならない。実際、重要な会合を約束しても、彼らは遅れてくる。これは、われわれにとっては非常に腹立たしいことだ。が、遅れたという小さな問題（相手はそう思っている）にこだわり、借款とか共同事業とかの重要な話の腰を折るようなことがあってはならない。

アラブ人は、非難されたり、面と向かってまちがいを正されることを非常に嫌う。だから、話のテーマが非常に重要なことならば、ささいなことはとりあえず棚に上げるべきだ。相手が遅れてきたときに、そのことをなじったりしなければ、彼はたいへん長い言い訳をするだろう。その場合は、〝ああ、相手は悪いと思ってるんだな〟と理解して、その問題はそっとしておくことが大事だ。そうすれば、多少暗礁に乗りかかっていた交渉でも、スムーズに進んでゆく。なぜならば、相手は最初に悪いなと思うことによって、ふだんはこちらより上の立場にあった気持ちが、その日に限って、こちらと同等のところからスタートするために、言葉の誇張や威圧の意識が弱まってゆくからだ。相手の欠点や弱味をあまりつつかないこと、相手が、どう見てもまちがっているときでも、そのことを責めないこと、それがアラブ人との交渉をうまく進めるこつである。決してあやまらないというアラブ人も、話のもってゆき方によっては、あやまることもある。が、力ずくや理屈では勝ちとれない。心をゆさぶるのが、唯一の方法である。

第三に、相手の自己主張とか言い分をまず聞いたうえで、反論すること。すなわち、相手がしゃべっているうちに、その論旨の曖昧さやまちがいをよく見極めることである。そして、相手がもうこれ以上言うことがなくなったところで、〝しかし〟、と言い出して、相手の矛盾点を手短にすばやく切り崩していくこと。そうすれば、相手の自己主張はかなりの部分、はねつけることができる。そのはねつけ方は力ずくでなく、また、相手の欠点を見つけたという態度ではなく、その欠点を指摘する前に十分に相手のいいところをほめながら、少しずつ小分けにしてこちらの主張を展開してゆくことが大切である。

アラブの世界は、「千夜一夜の世界」である。長く長く、辛抱強く彼らと付き合うこと、これ以外にない。交渉事が、デッド・ロックに乗りあげたり、平行線のままでも心配することはない。時間をかけているうちにその平行線というものは風化し、また新たな展開の可能性が必ず生まれてくる。それが、アラブ人とのつきあい方なのだ。決して望みを捨てないこと、そして、時間が必ずお互いの心をなじませるということを忘れてはならない。

第四に、前と関連するが、あらゆる交渉を途中で投げてはならない。結果が悪くても、それが最後ではない、すなわちできないことはないと自信をもつことだ。怒ったほうが負け、投げたほうが負けというのが、この世界での交渉だ。口ではもう終わりだとか、もうだめだと言っても、決して相手は心の中ではそうは思っていない。口ではだめだとか、ここは引けないと言いながら、腹の底では、必ず、なんとかこの交渉がうまくゆく方法はないものだろうかとか、自分の利益がもうすこし増えたところで手を打とう、などと考えているのだ。だから相手がノーと言っても、決して悲観することはない。ということは反対に、相手の主張を受け入れる気のないとき、自分としてはこの交渉を終わらせたいと思って、一度や二度、〝もうだめだ、終わりだ〟と言っても、相手はそうは考えていないということを理解しなければいけない。そういう場合でも、相手はまだ交渉は続いていると思っているのだ。したがって、ある契約を破棄しようとして、契約破棄の手紙を一度出したとしても、相手は、手紙などは何通も作れると思っており、その望みをまだつないでいるケースが多い。たとえば、代理店契約を、ある人から他の人に移したとき、後の代理店が広告などを打ちはじめると、前の人がクレームをつけたり、騒いだりする。とくにこの点は、気をつけて対策を練る必要がある。相手は、自分の利益になることなら、何回でもむし返してくる。すなわち、アラブに人を派遣する場合、相手に屈しない体力と精神力を持った人間が必要なのだ。したがってまた、アラブで仕事をする経営者も、それだけの精神力の鍛練を要求される。

第五に、アラブ人は大きい話が大好きだから、気をつけねばならない。たとえば、非常に大枠の話で物事を進めても、本心はその中の一部をねらうケースが多い。自分のねらいを、大きな話でカムフラージュするのだ。それゆえ、大きな話はなるべくひかえるべきだ。もし、大きな話をしなければならない場合には、大枠と各論に分け、各論についてはひとつひとつ具体的に進めてゆかないと損をする。話が大きくなればなるほど、彼らはその話に酔い、自分を見失う。その話の中から、欲だけが独《ひと》り歩きしだす。彼らは話が大きくなれば、それだけ仕事とか労力とか、困難がふえるというようには考えない。話が大きくなればなるほど、利益の大きさしか考えないのだ。また、一つの話をしているときに、その話がどんどん拡大し、他の話へと飛躍してゆくのに気をつけなければならない。時には、話の大きさを楽しみながら、時間をつぶしているのではないかとさえ感じられるほどだ。これこそ、まさしく彼らの生きがいといえないこともない。ひとつひとつ、細かく確認し合いながら話を進めてゆくこと、それが、アラブでの仕事の成功の鍵だ。実際、彼らは話し上手だが、それをまとめたり、十分に手配をする術を持っていない。ひとつひとつ書類にしたり、カードにして、一の次は二、二の次は三というように、具体的に教えてゆかないと仕事はまったく進まない。話ばかりでちっとも仕事が進まないのは、これをしないからだ。アラブ人は、地図がかけない。物事を具体的に平面化し、図化することができない人が多い。だから、話したことを行動に移すときに、どういうような順序を踏むかということもわからない。段どりの下手な人が多いのだ。

第六に、約束事やアポイントは、相手の都合を考えなければならない。すなわち、こちらのアポイントが相手にとって利益にならないと、これは守られない。自分の不利になるようなアポイントは、まず守らないといってまちがいない。だから、一度にたくさんのおみやげを渡すのではなく、アポイントのたびに、少しずつ渡すのも手である。自分がそこに出かけてゆくと何かもらえるという単純な理由で、彼らは時間を守ったり、そのアポイントの日時を忘れないことも多い。一番はじめにドンとおみやげを手渡して、〝あれだけ渡したのだから、これから先は、すべてやってくれるだろう、これから先はうまくいくだろう〟、と思うのは早計である。必ず、一回ごとに、ものだけではなく、話の中にも、相手の利益が含まれているということを暗示しながら、交渉を進めなければいけない。

彼らは自分の得になることであれば、かなり誠実に事を運ぶ。それは、なにも物質的な利益だけではなく、精神的な利益でもよい。何にもまして、相手の利益になるのはいったい何かを、最初に会ったとき、まずみつけることだ。アラブ人といえば、〝お金にきたない〟、〝お金をほしがる〟、〝ものをほしがる〟と一概に決めつけて、なんでも、ものをやれば相手が動くと思ったら大まちがいだ。アラブ人といっても、いろいろな人がいることをよく認識しておくべきだ。相手の興味あるものや、利益を具体的につかんでおくことが、アラブ人との交渉では重要だ。

さらに、アラブ人をだまして、大もうけをしようなどという考えは、まず捨てなければいけない。これは、非常に重要ないさめである。アラブと仕事をした場合には、第一に、もうけるというよりも損をしないということを念頭におくべきだ。もしこちらにもうけようという欲が起きたときは、相手はしめたと思う。アラブ人は感性が非常に鋭いから、相手がもうけようと思っているか、自分を利用しようと思っているか、自分に仕事をくれようと思っているか、直感する。われわれが、相手をだましてもうけようと、少しでも思ったときには、彼はこちらのその気持ちをうまく利用し、もうけさせるふりをして、最後にどんでん返しをくらわせる。それは、みごとなものである。

もちろん、すべてのアラブ人がそうだとはいえない。大金持ちの中には、十分にわれわれの意図を理解し、われわれにチャンスを与え、われわれをもうけさせようという人もいる。しかし一般的には、彼らには〝自分ももうけるが、相手ももうけさせる〟、といった気持ちはないと思ったほうがいい。むしろ、そういった気持ちはわれわれが持つべきであろう。

一方、〝私の利益はどうでもいいから、あなたにもうけさせますよ〟という言葉は、アラブ人を刺激し、〝これは自分にもうけさせないことだ〟と警戒させてしまう。アラブ人とユダヤ人との共同事業がうまくゆく場合が多いのは、ユダヤ人はアラブ人の取扱いがうまいからだ。ユダヤ人はだれに対しても、自分だけもうけるのではなく、相手にもちゃんともうけさせると約束し、結果的にそうさせる。そういったことで、アラブ人とユダヤ人との間に信頼関係が生まれているのだ。

第七に、〝知り合いにアラブの富豪がいる〟という話がよく出るが、まゆつばが多いので気をつけよう。アラブ人に初めて会うと、仲介者は、よく「この方は大富豪でありまして……」などと言う。こういうときは、気をつける必要がある。

なぜなら、大富豪はめったに人に会わないし、しかもそうざらにはいない。エジプトでも、サウジアラビアでも、クウェートでも、大富豪といわれる人はほんのわずかだし、しかも、そういう人がアラブに住んでいる場合は少ない。アラブで会えるアラブの大富豪は、珍しい。アラブ商人の中には、銀行からお金を借りて、四苦八苦しながら商売をやっているものも多い。身なりはよく、立派な車に乗り、大きな家に住んでいるからといって、その人間が、きっと大富豪であろうなどという錯覚は、捨てたほうがいい。

現実に、アラブ諸国の中には、国自体に金が余っているため、国民に何か仕事をさせようという政府の方針から、銀行の借り入れ条件などが緩和され、資金繰りが楽なところもある。しかし、王家の王子だからといって、大富豪だとか、地位があると思ってはならない。王家の王子は数が多いし、ただ養われているにすぎない場合が多い。王子といっても、国王にお目通りできる王子は少ないということも、よく頭の中にたたき込んでおくことだ。

第八に重要なことは、人の紹介という落とし穴に気をつけることだ。アラブ人は、人を紹介するときは、たいへん大げさだ。相手に対する尊敬とか敬意というよりも、むしろ、こびへつらうようなところがある。また、その人間を大きく紹介することによって、その友人である自分も、いっしょに大きく思われようという気持ちをもっている。だから、仲介者の言うことを真に受けて、〝この人の言葉ひとつで国王が動く〟とか、〝この人がクシャミをすれば、銀行の二つや三つはつぶれる〟などという紹介は、冷静に判断しないと、その結果は悲惨だ。こういう話は、日本で聞けばヘソが茶をわかすようなものだが、異国で耳にすると、その風土とか、エキゾチックな雰囲気とか、会話の不馴れなどから、ついだまされるケースが多い。

つまり、べつに相手はうそを言って、われわれをだまそうというのではなくても、紹介者とその紹介された人間の個人的なかかわり合い、つきあいが生《なま》に出てしまうのだ。彼らが、われわれをだまそうとしているのではなく、われわれが勝手にだまされているのだ。

われわれのほうに、その人とつきあえば、大きなもうけ口があるだろうという欲がふくれあがっているのだ。したがって、日本にいてもそうなのに、アラブだからといって、そんなによい話がゴロゴロところがっているわけではない。政府の高官が、いい話をもち歩いているわけがない。以上のことをよく理解しなければならない。われわれは、理屈や現実の生活の場面でも、そのことをよく知っているはずだ。われわれは日本の総理大臣に直接会うことなど、ほとんどできないのに、それがアラブでは簡単にできると思うのがおかしいのだ。とくに、政府の重要人物の兄弟とか、いとことか、親戚だという人には、くれぐれも気をつけるべきだ。

第九に、アラブ人は、その寛大さゆえに、何事にも気軽にオーケーを出すから気をつけねばならない。〝大丈夫〟、〝心配するな〟、〝まかせておけ〟、というのは単なる合言葉で、それは、〝わかりました〟、〝がんばってみましょう〟、〝受け付けました〟、という程度に考えたほうがいい。だから、オーケーと言ったからといって、ただその履行《りこう》を待っているのではなく、そのオーケーは本当なのか、また、その人にそれだけの能力があるのかを、あらゆる手段と角度から調査する必要がある。その人物について聞き込みをする必要がある。これは、非常に重要なことだ。実際、アラブで商売をするときには、必ず代理人をたてなければいけないが、仕事の成否は、この代理人の選択が決め手となる。

しかし、その代理人の社会的な信頼度とか、その地位は、本人やその友人から聞いただけではだめである。ともかく、アラブでは、早飲み込みしたり、物事を鵜呑《うのみ》にすると、あとでたいへんな失敗を招くから用心すべきだ。

アラブ人は、たいへんなアイデア・マンである。いろいろなアイデアを言う。しかし、それを真に受けたり、深く考えすぎないほうがいい。時には、そのアイデアを押しつけられて、にっちもさっちもいかないことがあるが、そうしたアイデアは、ほとんどが自分の利益を念頭においたものでしかないと思ったほうがよい。彼らのアイデアの中には、まったく使いものにならない陳腐なものが多いし、それをいちいち真に受けていてはだめだ。その際には、上手に断わるか、アラブ人のようにハイハイと聞き流してしまうのがひとつの手だ。ともかく、上手に受け流すことだ。

第十に、契約の問題を考えてみよう。一般に、アラブ人は契約をまったく重視しないといわれているが、それはあやまりだ。契約は基本的に重要だ、と考えているひとが多い。彼らは仕事の途中でいろいろもめると、最後には契約にもどる。その中でも、やはり自分たち同族内での契約をいちばん重要視する。外来の人間や異国人に対しては、彼らは比較的簡単に契約を破棄する。自分の同族内へ逃げ込めば、彼らが手をとり合って助けてくれる、という甘えがあるからだ。そのへんは、十分に気をつけなければいけない。しかし、契約を重視しないからといって、契約よりも言葉を信じて文書上の契約をしておかないと、後が大変なことになる。その契約を守らせようとするのが、こちら側のテクニックだ。

しかし、いかにしたらその契約を守らせることができるだろう。そのためには、相手の欲を上手に使うのがいいだろう。同族内での契約の破棄は、その男の死を意味する、という考えの延長線上で、われわれ外国人との契約関係を認めさせるようにすべきだ。

■何よりも、神（アッラー）とアラブの歴史を理解すること

先に述べたように、アラブ人の権力に対する反抗心は根強く、時には反権力、反体制のポーズのために、自分の人生を失うことすらも余儀なくされる人がいる。彼らは、傍目には一見ひ弱に見え、権力に対しては弱く、上の命令はなんでも聞くように見えるが、しかし実はまったく反対で、命令のうちの大半は無視する。外から見ると、その原因は、組織が十分に機能していないからだと見えるが、そうではなく、むしろ彼らが上からの命令を無視して仕事を失敗させることによって、上役に対してレジスタンスを起こしているからだと、考えるべきだろう。日本人の中には、〝上層部に話をつけてあるから〟とか、〝政府の高官に賄賂を渡してあるから、すべてうまく進むだろう〟と思っている人が多いが、なかなかうまくゆかない例は多い。その結果、「アラブ人はうらぎる」と憤慨するのだ。

が、それはやり方が、まったくまちがっているのだ。もし、アラブ人を抱き込もうと思ったら、それも、とくにお金で抱き込もうと思うならば、上から下まで、まんべんなく配らないとだめなのである。上の命令が下に降りたとき、下にはなんの利益もなく、しかも下の人間が、上がもうけてその仕事を受けたと思ったときには、その反抗心はたいへん強い。だから、表面はうまくゆきそうに見えても、いちばん重要なところで手を抜く。その手抜きは意図的であり、もうけた上役と、それをもうけさせた相手に対する彼らの仕返しであると、考えるべきだ。しかも、そういったときに、力ずくで手を抜いた人間をやっつけようとするならば、倍の仕返しがもどってくる。力だけで物事を片づけようとしても、アラブの世界ではうまくゆかない。昔に比べて、現在の民主化された国では、その失敗は大きいはずだ。だからといって、すべての者に対して下手に出ればよいかというと、決してそうではない。すなわち、ケース・バイ・ケースで考えればいいのだが、それには、その人間のアラブにかかわっている年輪がものをいう。

アラブ人にとって、世界でもっとも偉大なものは神であり、それ以外はすべてが平等なのだ。現在の自分の地位などはかりそめのもので、必ずや自分はもっと偉くなると確信している。そのうえ、神以外のものにそむいても、なんら恥ずかしいことはないと確信している。だから、その論理を無視して、相手を力ずくでおさえつけようとすると、それはたいへんな困難を招き、最終的には、とり返しがつかなくなる。

アラブ人とつきあうのは、非常に気が疲れる。体力と精神力がいる。しかし日本は、アラブとつきあわざるをえない立場にある。そのつきあい方を、真剣かつ具体的に考えなければならない時期に今の日本はきているのである。

それでは、これからアラブ人とつきあうために、われわれはいったいどうしたらいいのだろう。アラブ人とて、人間だ。そういう前提をふまえて、気候とか、風習とか、歴史とか、ものの考え方とかの違いをよく認識してゆくことだ。まず、われわれ日本人とアラブ人との相違点を認識しなければならない。そのうえで、相手にも、それを理解してもらう努力をしなければならない。

アラブ人たちは、「日本人は、アジアの同胞ではないか」とか、「日本人は、アメリカやヨーロッパに対抗して、技術的に十分戦えるわれらの同志だ」とか、「ほんの三〇年の間に、敗戦からここまで立ち直った日本人を尊敬する」、と本気に思っている。とくに、植民地主義の時代に、中東にいっさい攻撃をしかけていない日本を見る目は、ヨーロッパやアメリカに対するのとでは根本的に違う。権力や体制に、潜在的であれ、意識的であれ反発心を抱いているアラブ人にとっては、今だかつて、アラブに対して権力を行使したことのない日本人が、欧米にビジネスの上で打ち勝っている現実は、たのもしいかぎりなのだ。

オイルショックがおきる以前、日本人はアラブとか中東を相手にしなかった。ところがオイルショックでアラブを考えずには生きていけなくなり、一気に日本人がアラブへ押しかけた。そして世界が落ちついて石油の値段が下がると、再び日本人は潮が引くようにアラブから引き上げてしまっていたのである。しかし、日本人はもともと外国に行くことにあこがれや誇りをもっているためか、アラブ人に対してもたいへん丁寧だし、無礼な口をきく人間が少ない。これは、現地の人たちによい感情を与えている。もちろん例外もある。たとえば、長い間アラブに滞在している留学生とか駐在員たちは、えてして、アラブ人のいい加減なところや、うその多いいやな一面を見すぎるため、アラブ世界をまったく否定的に考えてしまう。しかし、それは単なる一時の感情にすぎない。そんな一時の感情に惑わされなければ、偉大なアラブ文明のうち、たとえばエジプト、シリア、イラクにいたっては優に五〇〇〇年からの文化と歴史の厚みを持っていることがわかるはずだ。一口にアラブといっても非常に広い。国だけでも二十数ヵ国もある。人種的にもさまざまで、一国の中にいくつもの民族や人種が、宗教や文化を異にしながら暮らしているのだ。外から見ても内にいてもわからない地域がアラブなのだ。

■アラブ商法とは、〝得して得とれ〟

そこで、アラブ人との信頼関係を築く場合には、まず第一に、つきあいの性格をお互いに確認しておくことが肝要である。そのつきあいが、商売上のことか、技術上のことか、文化上のことか、仕事の上での協力関係かなど、ひとつひとつ確認しあい、互いの利益がどこにあるかを十分に話し合っておく必要がある。このことを怠ると、あとから、「そんなはずではなかった」「だました」「アラブはやはり信用できない」「日本人は思ったよりずさんだ」、などといった誤解とか断絶が相互の間に起こるからだ。のみならず、それが、国と国との間の紛争にまで発展しかねない場合もあるのだ。

したがって、たとえ、一私企業とつきあう場合にも、自分は日本を代表しているのだということを、念頭に置いて、ひとつひとつ確認してゆかねばならない。これは、経営者や国の責任者に対するときだけに限ったことではなく、たとえば、お手伝や運転手を雇う場合などでも、〝あなたは、私との関係において、何と何をなさなければいけない〟、ということを、徹底して確認しておく必要がある。

つきあいの目的を確認し合った次には、目的にそったつきあい方をしなければいけない。たとえば、商売上ならば、互いの利益のみを考え、人情などを介入させないように気をつけるべきだ。アラブ人との商売でいちばん危険なのは、友人関係、〝私は利益などはいいから、あなたとの友情を大切にしていきたい〟、という言葉だ。これは、その人にとっては本心かもしれないが、アラブの商人が友情から利益を台無しにした例は未だかつてない。もちろん、日本の商人も同じだ。ただ、日本人の中には、〝損して得とれ〟、という考え方もある。が、アラブには決して、そういう考えはない。

まったく、〝得して得とれ〟、というのがアラブ人の生き方で、これは、商売ということを考えればあたりまえのことなのだが、やはり日本人にはなじめないようだ。しかも、そのもうけが、たとえどんなに理不尽であろうとも、相手がそれを納得しているならば、また、たとえだまされたとしても、相手がそれを受け入れているならばいいではないか、とアラブ人は考えている。つまり、その取り引きがだましかどうか、ということよりも、相手がそれに納得しているかどうか、がアラブ人には重要なのだ。変な自己規制や抑制をしたりしてアラブ人に当たると、足をすくわれるし、何の得もない。アラブ人はもうけさせてくれればにこにこなのだ。アラブ商人のやり方はつかみどころがないが、そういうときこそ、われわれも、多様に対応してゆけばいいのだ。その手本として、ユダヤ人の生き方、つまり、〝原則は厳しく、運用は柔軟に〟、という考え方を利用すると、彼らとのつきあいや商売もうまくゆく。

第二に、〝与えるべきものは気前よく与えよ〟ということだ。しかも、与えたときには、決して彼らに恩をきせてはならない。同族内では恩の着せ合いは日常茶飯事だが、外部の人間によって恩をきせられれば、それは与えないよりも、もっと悪い結果を招く。彼らはすぐに、「あいつは、こんな端《はした》なもので、自分を買おうとしている」と考える。彼らは、民族的な特性のほかに、長い間、植民地支配を経験してきた。反植民地化闘争に明け暮れてきた彼らの血は、未だに薄まってはいない。徐々にその悪夢から抜け出そうと努めてはいるものの、未だにその劣等感や圧迫感から逃れられないでいる。だから、つまらないことで相手を圧迫したり恩にきせたりすると、かえって彼らの反発を招き、逆に恨まれる場合が多い。

それとは別に、日本人によくあるタイプだが、釣り銭などでも〝くれなければ、まあ仕方ない〟と何も言わずに済ます態度はよくない。相手をスポイルしてしまうからだ。〝この人間からは搾《と》りたいだけ搾れる〟、と相手に印象づけるからだ。アラブ人からものをねだられたらどうするか、もし断わったときどうなるか、と日本人は心配する。が、恨みに思うかというと、意外にあっさり、あきらめる場合が多い。これは、〝神の与えた機会がうまくなかった〟、と運命論的にあきらめるからだろう。だから、へんに気をまわしてなんでも言われるままにすると、彼らは、〝神はこの男をして、私に利益をもたらす使いとした〟と考える。つまり、たかれるものには、徹底的にたかることになってしまう。ひとつの出来事が拡大解釈され、それが自分の利益と一致するときには、〝神の御心である〟と思ってしまうのが、アラブ人の特性であることを忘れてはならない。

■日本の人的資源を輸出すれば、効果は抜群

日本は、アラブ諸国に対していろいろと借款を行なっている。また、技術協力も盛んだが、もっと文化的な面にも力を入れるべきときが来たといえよう。技術援助のみならず、それを運営し、システム化してゆく合理性が、今のアラブ人にはもっとも必要であるに違いない。われわれ日本人も、戦後の復興期にはアメリカのシステムをまず導入し、それなりの合理性を身につけてきた。それが、現在の日本の繁栄の基盤となった。だから、日本人がアラブ諸国に与えられるのは、必ずしも金に限るまい。むしろ、金は彼らのほうが持っているはずだ。また、われわれはドルにいつまでも頼っていられるとは限らない。

日本の援助には、技術以前のものが不足している。つまり、前述したように、うまく運用できるシステムの教育が不足している。システムは、ただ単に、紙に書いて渡せばいいものではない。自動車やオートバイを運転することや、テレビの扱い方は使用書で事足りる。しかし機械は、どんなに最新式でも、保守（メンテナンス）をしなければいけないと

いう哲学がアラブ人にはない。それが問題なのだ。アラブには組織をつくりあげる努力がないし、その価値を認めないので進歩がない。進歩した機械さえあれば、満足している。ソフト・ウェアというものは、お金に換算できない。だから、真のエンジニアがアラブでは育たない。ただ単に考えることに、なぜ莫大な金を投入しなければいけないのか、アラブ人にはその点を理解する素地がまだない。ちょっとしたアイデアなどをもらうよりも、肉をたらふく食ったほうがいいし、つまらない話を聞くよりも、寝てたほうがいい、と言っている人がまだ多くいるからだろう。

したがって、日本人としては、機械を供与し、資金を援助することも大切だが、それと同じくらい、運営し、保守できるアラブ人を育ててあげるべきであろう。高くつくわりには、形として目に見えないかもしれないが、後になって喜ばれるはずだ。日本にアラブ人を呼ぶこともさることながら、日本人をどんどん現地に送り込むべきだ。そういうときはとびきり高い給料で、優秀な人を集めるべきなのだ。そうすれば、アラブ社会はシステム化され、日本人も見直される。そして、どんな最新式の機械や工場ができても、彼ら自身で運営できる。

アラブ人のテクノクラートを日本に呼んで訓練することも一計であろう。しかし、日本には言葉の不便さがある。だから、英、仏、独といった外国語に堪能な多くのアラブ人たちは、欧米に行ってしまう。今さら日本語を覚えて、それから技術を学ぶ人は皆無に近い。今使える言葉をもって、多少屈辱感を持っても、欧米諸国へ行ってしまう。だから、日本としては、日本人トレーナーがアラビア語を習得して、現地へ行くほうが現実的であり、効率はいい。そのために、アラビア語を習得する機関を拡充すべきだろう。

サウジアラビアやクウェートやアラブ首長国連邦にエジプト人の教師や官僚が多数行って、アラブ諸国をコントロールしている現実をみると、日本のとるべき道がわかる。エジプト本国ですら、もっとシステム化とソフト・ウェアが必要なのにもかかわらず、このように他のアラブ諸国に多くのエジプト人が派遣されているのだから、日本人がその仲間入りすることはたやすい。そうしているうちに、アラブ諸国には、日本人に教育された優秀なテクノクラートが育ち、また日本式の考え方が定着し、アラブの国に住みつく日本人も多くなるだろう。そうすれば、その国の政体がどう変わっても、石油の輸入先に汲々とする必要はなくなる。なぜなら、日本人に好意を持つ官僚や民間人が多数いれば、その国の首脳は、そういった官僚や民間人を無視しては行動できないことがわかるからだ。

日本は、資源がない国だ。だから、自然資源の代わりに人的資源をもっと活用すべきであり、借款とか技術を与えると同時に、組織を作る人やシステムを駆使する人間を派遣することが重要である。もっとも、酒は飲めない、気候は悪い、宗教は違うなどという障害によって行き手は少ないかもしれない。そのときは、政府は率先して行こうとする人間に優遇措置を与えるべきだ。つまらない借款や援助などをやめて、志のある人をもっと優遇すべきだ。現地で勉強したり、活躍している留学生や若者を大切にすべきだ。それが、まず第一歩だ。次には、現地に行って仕事をしたいという人間を募ることが大事だ。そして、その人間に、アラビア語をはじめ、現地のノウハウを十分に仕入れてもらうべきだ。中東のキー・ステーションであるカイロとかダマスカス、バグダッドなどには、留学生会館、または文化センターなどを作って、多くの日本人を派遣することを真剣に考えるべきだ。

最後に、日本は宣伝ベタである。もっと、日本がアラブをいろいろ手助けしていることを知らせるべきだし、日本が平和を目指していることも理解させるべきだ。ただ単に、今のように公館の一隅に文化センターを作り、そこに写真を展示しているだけでは事足りない。アラブ圏に影響を与える新聞社やテレビ局を買いとるなり、新しく作るなどして、日本を、もっともっと宣伝すべきだ。たとえば、日本のマンガはアラブ諸国から非常に喜ばれている。だから、その日本のマンガを、日本政府は自分のテレビ局を現地に持っていって、どんどん放映することだ。アラブ人から理解されるマンガを放映するのではなく、日本人の発想に基づいたマンガをどんどん送り出すべきだ。チャンバラ劇も輸出すべきであろう。そういう娯楽は、異文化を理解するうえで、もっとも親しみやすい手段になるはずだ。そうなれば、今ある断絶や誤解は少なくなろう。同じ援助をするならば、そういったテレビ番組とか、マンガとか、記録フィルムなどを、政府は日本の私企業から買いあげて、各国に無償で配布するぐらいの気持ちが必要だ。

次の段階としては、日本資本のテレビ局や新聞社をアラブに置き、万が一、欧米の通信社が日本に不利な報道をしたときには、それらが堂々と反論し、〝われわれこそ、まさしくアラブの利益を考えている〟と主張できるような度量を持つべきだ。すなわち、日本びいきや日本かぶれをもっと作らなくてはいけないということだ。日本びいきや日本かぶれを、アラブ全体に広げていかなければいけない。〝日本の車はたいへんよい〟、と言ってくれたら、気恥ずかしそうにするのではなく、〝日本の車は本当にいいのだ〟と胸を張って言うべきだ。そうすることによって、われわれは利益を得、彼らも必ず利益を得るのだ。現在の欧米との貿易摩擦は、欧米の国民は、日本の車とかカラー・テレビを買いたいと思っているのに、自国のメーカーが反対して、政治家に圧力をかけているために起きている。欧米の自動車戦争が片づいたら、味をしめた欧米諸国は、次に、アラブで同じことを始めかねない。そうなったら、われわれ日本人は、いったい、どうしたらいいのだろう。

アラブ人は、外的な圧力や物質的なものでは支配できない。しかし、日本はすばらしいと、本当に心から理解してもらえる情報提供を行なえば、彼らはきっと日本を支持してくれる。そのことをわれわれが真剣に考え、行動するのは今である。

あとがき

本書を著した目的は、「アラブ人の表と裏を日本人の目から見た場合、どのように映るか」というところにあった。が、自分の独りよがりになってはと思い、欧米の歴史学者や評論家、また、日本人のアラブ研究家の論も随所に引用させていただいた。さらに、アラブ人をすべてイスラム教徒と考えるのは正しくないことを理解したうえで、イスラム教徒としてのアラブ人を主体に論を進めてきた。それは、アラブ人にとってイスラム教は主たるものであり、他の宗教の人々、たとえばユダヤ教徒、キリスト教徒らも、たぶんにイスラムの影響を受けているからである。したがってアラブ諸国のキリスト教徒は、やはり、ヨーロッパにいるキリスト教徒とは大きく異なる。それは、ただ単に気候、風土の違いからくる差ではなく、文化、特にイスラム教の雰囲気に大きく左右されているからといえよう。もともと、アラビア語というのは、イスラム教の言葉といえるわけで、その言葉を、アラブ圏のキリスト教徒は使っている訳だから。

　ある民族や国民について書く場合、気をつけなければいけない点は、目の前の現象を普遍化したり、一般化して、論じることであろう。人間には出来心というのがあって、気づかぬうちに、行動に出てしまうことがあるのだ。ある現象を目撃した外国人——異邦人——は、自国で起きた場合はさほど驚きもしないのに、旅先だという訳で、センチメンタルな気持ちも加わってか、とかく大げさに考えてしまい、それを、そこの文化や風習と混同してしまう。反面、そこに長く住みつくと、すべてが見えなくなるとも言える。

　私も、二四年前に中東に初めて足を踏み入れた時の新鮮な感激が、年々うすくなってしまった。いい意味では、多少のことに驚かなくなったと言えるが、それだけ感受性がにぶくなったとも言える。最近、日本から初めてカイロに来た友人に、「すごい人ごみだね」「夕日がとてもきれいだなあ」「ナイル川って思ったより狭いね」といった、私にとってまったく当たりまえのことを言われ、がっかりしたことがあった。

　しかし、こういった私の考えは間違っていることに、気づいた。昔の人の言う「初心に帰れ」ということに気づいたのである。自分にとって、アラブでの暮らしが日常化してしまったのだろう。歴史というのは、とてつもなく大事件でないと残らない。すなわち、国の運命が変わるとか、人類の歩みに大きな影響を与えたもの以外の人間の営みは、歴史という時間によって風化されてしまう。したがって、歴史の中では個人というものは消されてしまう。ところが、人類の歴史どころでない、私ごときの小さな歩みの中にも、その現象が起きていたのである。考古学というのは、過去の人間の生きざまを今見つめ直すのだと教壇で教えている私が、そのような間違いを犯していたのである。きっと、それは、最近日本にいる時間が多くなったからであろう。向こうにいることは、向こうの理解を深めるうえではいいのだが、客観的に比較するものさしを失ってしまうからだ。文明や歴史を語る場合、バランスをもたなければならないのだから。

すでに何回も繰り返したように、これから、日本とアラブとのつきあいは、今にも増して多くなるだろう。そして幾多の人が、その都度、ショックと苦悩を味わうことになるだろう。だから、うまくつきあう法を早く身につけることが重要だ。それは、日本人としての自覚をしっかり持つことだろう。そうはいっても、私とて偉そうなことは言えない。一〇年も連れ添ったアラブ人の妻と別れるはめになったのは、日本人とアラブ人の溝の深さであろうか。しょせん、文化の差は埋めきれなかったのだから。私は、「郷に入りては郷にしたがえ」という諺は、アラブでは通用しないと考える人間のひとりである。むしろ、彼らと一線を画し、お互いの個の尊厳性を保ちながら、つきあってゆくべきだろう。アラブ人は、自分の隠れた部分を見せることを嫌う反面、他人の秘めたる部分をのぞくのが好きだ。われわれもそうすればいい。国際社会でいつも〝割りを食う〟必要はないのだ。「石油をほしいばっかしにつきあう」のは良くないなんて、自己批判する必要はないと思う。つきあう目的には良し悪しはないはずで、むしろ、つきあい方に問題があるのだと思う。石油がほしいなら、相手の欲しているものを提供すればいいのだ。しょせん向こうの人には衣の下に鎧が見えているのだから、ここいらで開き直ったらいいのだ。そうすれば、かえってアラブ人も喜ぶにちがいない。アラブ人を相手にする場合は、ケース・バイ・ケースで柔軟にいかないと、とてもたちうちできない。

私は、アラブびいきである。したがって、アラブの悪い所もずけずけ言うことにしている。ただ、私の体験は、あの大きな歴史から比べれば、きわめて小さいものだし、言葉も本当に通じているのかあやしい。誤解も多いだろう。だが、目は口ほどに物を言いという諺もあるとおり、心が通じればそれでよいとも一方では言えるが。しかし私は、自己の体験を率直に書き述べることによって、これからアラブで仕事をしなければならない方々や、今すでになさっている方々に、少しでもお役に立てれば、という、だいそれた気持ちから本書を書いた次第である。もちろん、多くの誤りや感違いもあろうかと思うが、その点、ご指摘いただければ幸いである。

（一九九〇年一〇月記）

本書は一九九〇年にＴＢＳブリタニカから刊行された『アラブ人とつきあう方法』を改題したものです。

吉村作治（よしむら・さくじ）

1943年東京生まれ。東日本国際大学学長。早稲田大学名誉教授。工学博士（早大）。エジプト考古学者。66年アジア初のエジプト調査隊を組織し、約半世紀にわたり発掘調査を継続。古代エジプト最古の大型木造船「第2の太陽の船」を発掘・復原するプロジェクトが進行している。2016年には大ピラミッド建造者クフ王の王墓探査計画を開始した。またeラーニングによる新しい教育システムの制作と普及、日本の祭りのアーカイブに奮闘中。
主な著書に『マンガでわかる イスラム vs.ユダヤ 中東3000年の歴史』（CCCメディアハウス）、『人間の目利き ―アラブから学ぶ「人生の読み手」になる方法―』（講談社）他多数。
公式HP「吉村作治のエジプトピア」
http://www.egypt.co.jp

カバーデザイン／根本佐知子（梔図案室）
カバーイラスト／菊池留美子
校正／円水社

イスラム教徒《きょうと》の頭《あたま》の中《なか》
アラブ人《じん》と日本人《にほんじん》、何《なに》が違《ちが》って何《なに》が同《おな》じ？

2017年3月13日　初版発行

著者　吉村作治
発行者　小林圭太
発行所　株式会社CCCメディアハウス
〒153-8541　東京都目黒区目黒1丁目24番12号
電話　03-5436-5721（販売）
03-5436-5735（編集）
http://books.cccmh.co.jp
印刷・製本　慶昌堂印刷株式会社

ISBN978-4-484-17208-8